C. DORFEUIL & HENRY MOREAU

PARIS
AUX COURSES

Pièce en 1 Acte et 2 Tableaux

PARIS

C. JOUBERT, Éditeur, 25, rue d'Hauteville.

C. JOUBERT, Editeur de Musique
PARIS. — 25, Rue d'Hauteville, 25. — PARIS

RÉPERTOIRE
DES OPÉRAS-COMIQUES ET OPERETTES EN UN ACTE

ABRÉVIATIONS : **D.** Veut dire du répertoire de la Société Dramatique, 8, rue Hippolyte Lebas. — Le surplus appartient au répertoire de la Société Lyrique, 10, rue Chaptal.
LOC. Veut dire : La musique n'existe qu'en location.

Opéras-Comiques en un Acte

AUTEURS	TITRES DES ŒUVRES	Hommes	Femm.	Prix nets	AUTEURS	TITRES DES ŒUVRES	Hommes	Femmes	Prix nets
H. Salomon	Aumônier du Régiment (L') d.	3	1	10 »	A. Turquet	Monsieur Pulcinella d.	2	2	6 »
Samuel David	Bien d'Autrui (Le) d.	2	1	8 »	P. Henrion	Moulin de Javelle (Le) d.	2	1	6 »
L. Deffès	Bourguignonnes (Les) d.	2	»	7 »	R. Planquette	Paille d'Avoine d.	2	1	6 »
D. Bernicat	Cadets de Gascogne (Les)	troupe	»	7 »	Th. Dubois	Pain bis (Le) d.	troupe	»	8 »
L. Deffès	Café du Roi (Le) d.	1	2	7 »	De Ste-Croix	Rendez-vous galants (Les) d.	troupe	»	10 »
De Ste-Croix	Chanson du Printemps (La) d.	4	2	8 »	E. Boussagol	Sabre enchanté (Le) d.	3	1	6 »
R. Planquette	Chevalier Gaston (Le) d.	2	1	8 »	De Mortarieu	Saint-Nicolas (La)	1	1	8 »
Ch. Grisart	Memnon d.	troupe	»	6 »	Desgranges	Vieux Sorcier (Le) d.	troupe	»	8 »

Opérettes de Théâtre et de Concert

AUTEURS	TITRES DES ŒUVRES	Hommes	Femm.	Prix nets	AUTEURS	TITRES DES ŒUVRES	Hommes	Femmes	Prix nets
De Campisiano	Absalon	1	3	6 »	Lebreton-Moreau	Cote et Cocottes	4	4	3 »
F. Bernicat	Agence Rabourdin (L')	1	5	»	De Roze et d'Arsay	Culotte du marié (scène) (La)	»	1	1 »
Japy	A huitaine	4	»	loc.	Lebreton-Moreau	Dans cent ans d.	2	11	loc.
G. Street	Amour en livrée (L')	3	1	5 »	Sourilas	Dégrafée d.	3	3	5 »
Desormes	Amour et l'appétit (L')	1	1	4 »	L. Lefèvre	Dernier verre (Le)	2	1	4 »
Ch. Lecocq	Amour et son Carquois (L') d.	2	13	8 »	F. Barbier	Deux amours de chandeliers	1	1	5 »
A. Petit	Amoureux d'Yvonne (Les) d.	5	3	loc.	F. Matz	Deux avares (Les) d.	2	1	8 »
V. Roger	Amour Quinze-Vingt (L')	3	1	4 »	Ch. Hubans	Deux coqs vivaient en paix	2	1	6 »
Desormes	Antoine et Cléopâtre d.	1	2	4 »	F. Gracia	Deux estafiers (Les)	2	»	2 »
Dorfeuil-Moreau	Après la vie de Bohême d.	troupe	»	loc.	M. Chautagne	Deux muses (Les)	2	»	4 »
J. Emmecé	A qui le gosse ?	troupe	»	loc.	F. Barbier	Deux parfaits notaires (Les)	3	1	4 »
M. Chautagne	Arracheuse de dents (L')	2	1	4 »	Hervé-Lecocq	Deux portières pour un cordon d	2	4	4 »
Bourel, Bordel, Monjardin	Artistes pour rire	6	4	loc.	Moreau-Boucherat	Diable au Moulin	5	8	loc.
Géraldy	Ascension du Mont-Blanc (L')	1	»	4 »	Saint-Maurice	Doubles Vierges (Les) d.	troupe	»	loc.
Oudot de Gorrsse	Au Chat qui pelote d.	troupe	»	loc.	Moreau-Gramet	Dragon pour deux	3	2	loc.
Banès	Au Coq huppé	3	2	5 »	Sourilas	Drapeau jaune (Le) d.	3	2	4 »
Lebreton-Moreau	Au temps des cerises d.	5	3	loc.	J. Domerc	Ecole buissonnière (L')	3	»	3 »
Guérineau	Auteur par amour	1	1	4 »	Ed. Lhuillier	Elle débute ce soir	1	1	4 »
Lebreton-Moreau	Autour d'une guérite d.	3	»	loc.	Delaruelle	El senor Piffardino	1	1	6 »
Henry Moreau	Avant le bal	1	1	3 »	Marsay	En colonne d.	troupe	»	loc.
Cologne, Carafole, Combrel	Baba-Bouzouck	5	6	loc.	Lebreton-Moreau	Enfant des halles (L') d.	3	2	loc.
Deransart	Baigneur et nageuse	1	1	loc.	Jallais Hubans	Enlèvement des Sabines (L') d.	troupe	»	loc.
Leserre	Barbe-Bleue	1	1	2 »	Lebreton-Duroc	Enragés d.	4	4	loc.
Offenbach	Ba-ta-Clan d.	troupe	»	8 »	Villebichot	Entre deux jardins	1	1	4 »
Wachs	Bibi ou l'Enfant de l'Amour	1	4	»	Lebreton-Duroc	Entresol d'Eugène d.	4	6	loc.
Moreau-Touzé	Belle mère, nouveau jeu	1	3	loc.	Banès	Escargot (L')	2	3	6 »
Moreau-Gramet	Bougnol et Bougnol	4	2	loc.	D. Dihau	Eternel roman (L')	1	1	4 »
Villebichot	Boum ! Servez chaud	3	»	4 »	F. Beauvallet	Faites le jeu, Messieurs d.	3	1	loc.
Hubans	Breland de bègues	2	1	5 »	Moreau-Gramet	Famille Nitouche (La)	3	4	loc.
Banès	Cadiguette (La)	1	1	5 »	Lebreton-Moreau	Farces du Printemps (Les) d.	7	5	loc.
Javelot	Calino amoureux	2	»	3 »	St-Agnan Choler	Faut du prestige (vaud.) d.	3	2	loc.
Cellot	Canne d'un grand homme (La) d	2	2	loc.	Lebreton-Duroc	Faut que j'casse la g. à Baptiste d	4	3	loc.
V. Herpin	Capricorne (Le)	troupe	»	loc.	Flers	Femina d.	troupe	»	loc.
F. Barbier	Carmagnole (La)	3	5	»	Ch. Gabet	Femme de Valentino (La) d.	»	1	loc.
Lebreton-Moreau	Carnaval conjugal (Le) d.	9	9	loc.	Chaudoir	Fête à Claudine (La)	1	1	4 »
Chaboud, Cologne, Tranchant	Ce pauvre Bobinet	1	1	loc.	E. Duhem	Fête à M. le Maire (La)	3	2	4 »
Chelu	Chambre à louer	1	2	»	R. Planquette	Fiancé de Margot (Le) d.	1	1	6 »
Cuvillier	Chambre à part d.	4	2	loc.	Javelot	Fiancés berrichons (Les)	1	1	3 »
Henry Moreau	Chambre de bonne d.	troupe	»	loc.	Soulié	Fiancés du bonnet de coton (Les)	1	1	5 »
V. Roger	Chanson des Ecus (La)	3	1	4 »	L. Vasseur	Fichue idée d.	2	1	5 »
P. Henrion	Chanteuse par amour (La) d.	»	1	4 »	Liouville	Fièvre phylloxérique (La)	3	2	4 »
E. André	Chaos (Le)	1	1	»	Berthe	Fille du charpentier (La)	3	1	5 »
Moreau-Boucherat	Chasse royale	troupe	»	»	Lebreton-Moreau	Fille du marin (La) d.	8	7	loc.
Lebreton-Moreau	Chasseurs Alpins (Les) d.	6	6	loc.	Lebreton-Soudant	Filles de la Cantinière (Les) d	troupe	»	loc.
Cieutat	Chaste Suzanne (La) d.	troupe	»	4 »	Lebreton-Moreau	Fils à Papa d.	troupe	»	loc.
Meynard	Chez le dentiste	3	1	8 »	Chaulieu et Battaille	Fils de M. Alphonse (Le) (vaud.) d.	troupe	»	loc.
Lhuillier	Chez les Corniquets	1	1	1 »	Duroc-Mailfait	Five O'Clock de la Baronne	7	2	loc.
C. Rosenq est	Chicard et l'Ébé	1	2	4 »	Villebichot	Fleuriste et typographe	1	1	5 »
Bonnier	Chien et Chat d.	4	2	5 »	Divers	Françoise les bas bleus d.	troupe	»	loc.
Moreau-Gramet	Cinq contre un	3	3	loc.	Divers	Fantrognon d.	8	11	loc.
Villebichot	Cirque Ponger's (Le)	troupe	»	6 »	Lebreton-Moreau	Frère de lait (Le)	1	1	4 »
L. Collin	Coco Bel-Œil	3	1	6 »	Carin-Tomy	Friper's and Co d.	troupe	»	loc.
A. Petit	Cocotte et chiffonnier	1	1	5 »	Lebreton-Moreau	Friquet d.	9	7	loc.
Villemer / Delormel / Péricaud	Colosses de Rhodes (Le)	3	»	4 »	Cieutat	Furet (Le)	»	1	4 »
					Moreau-Touzé	Gai gai mariez-vous !	4	3	loc.
					Divers	Gavroche et Loup de mer	1	1	loc.
A. Petit	Confection pour dames	2	4	5 »	Froyez-Colias	Grand Duc Moleskine (Le)	6	6	loc.
Lebreton-Moreau	Conscrits bretons (Les) d.	7	5	loc.	Lefort	Grand papa de la chanson (Le) d	1	1	3 »
L. Collin	Conscrit tyrolien (Le)	1	1	3 »	Lebretod-Blairat	Grenouille (La)		2	

PARIS AUX COURSES

Répertoire HENRY MOREAU
Pièces en un Acte

Chez M. JOUBERT, Éditeur, 25, rue d'Hauteville, 25, PARIS

A LA DRAMATIQUE			A LA LYRIQUE		
(Agence PELLERIN, 8, rue Hippolyte-Lebas.)			(Agence Souchon, 10, rue Chaptal)		
Chambre de bonne............	2 h.	3 f.	Passe-moi ta femme !.	3 —	3 —
Partie de Campagne.........	8 —	9 —	Professeur de chant.	1 —	1 —
Les deux Mômes.........	6 —	5 —	Avant le Bal.	1 —	1 —
La Mouche du Coche.. avec G. TOUZÉ	4 —	2 —	Une mauvaise nuit. . avec H. DARSAY	2 —	2 —
Une nuit de Paris ... avec C. DORFEUIL	10 —	8 —	Le spiritisme des familles.. ...	4 —	4 —
Après la vie de Bohême..	8 —	6 —	Les Carottiers.................	4 —	3 —
Paris aux Courses	10 —	8 —	30.000 francs par an..	2 —	2 —
La Môme aux Camélias avec F. BESSIER	6 —	8 —	Nos petites Chattes... avec A. GRAMET	3 —	3 —
Miss Monte-Cristo....	5 —	8 —	Ma colonelle !.................	2 —	2 —
Chasse Royale.... avec H. BOUCHERAT	5 —	9 —	Cinq contre un	4 —	3 —
L'Enfant des Halles. avec B. LEBRETON	3 —	2 —	Bougnol et Bougnol	4 —	2 —
Autour d'une guérite	3 —	2 —	La famille Nitouche.	3 —	4 —
Trio de troupiers.	5 —	2 —	Un dragon pour deux..	3 —	2 —
Les farces du printemps.	5 —	3 —	A l'Étrier d'or	3 —	3 —
Les Volontaires de 92	4 —	2 —	Gai! gai! mariez-vous! avec G. TOUZÉ	4 —	3 —
Friquet...	7 —	5 —	Belle-mère nouveau jeu !........	1 —	3 —
Les Chasseurs alpins....... ...	6 —	6 —	Tranquil' Hôtel... ...... avec DUROC	5 —	3 —
Les Treize jours d'un Parisien .	8 —	6 —	Les maris jaloux...	5 —	2 —
Les Amoureux d'Yvonne.......	4 —	2 —	Le Diable au moulin.. avec BOUCHERAT	6 —	8 —
Miss Kissmy.............	5 —	3 —	Le Médjidié.................	2 —	2 —
Au Temps des Cerises	5 —	3 —	La Momie............. avec L NEMO	3 —	1 —
La Petite Colonelle...	7 —	3 —			
Nos Voisins	6 —	6 —			
Dans cent ans....	11 —	11 —			
Carnaval conjugal.	9 —	9 —			
La Fille du Marin	8 —	7 —			
Les Trois Maçons.....	4 —	2 —			
L'Héritière des Carapattas.....	8 —	8 —			
Les Jocrisses du mariage	6 —	6 —			
Les Conscrits bretons........	7 —	5 —			
Monsieur Sans-Gêne	6 —	6 —			
Le 13e Spahis	8 —	9 —			
Les Petites Ménichon	8 —	10 —			
Le Fils à Papa.....	4 —	6 —			
Les Vierges du Chahut	5 —	10 —			
La Petite Baronne	6 —	9 —			
Le Signe de Léda	8 —	8 —			

Nous rappelons à MM. les Directeurs qu'ils peuvent jouer indifféremment les pièces de l'une ou de l'autre société, en ne payant les droits d'auteurs qu'à la Société où la pièce a été déclarée.

TOUS LES VENDREDIS paraît le *Nouveau Journal*, Organe officiel des Artistes Lyriques et des Chansonniers, fondé en 1894.

Directeur-Rédacteur en Chef : HENRY MOREAU
Paris, 11, faubourg Saint-Martin.
UN AN : **10** FRANCS. — LE NUMÉRO : **20** CENTIMES.

D. DORFEUIL & HENRY MOREAU

PARIS AUX COURSES

Étude de mœurs sportives en 1 Acte et 2 Tableaux

Représentée au Théâtre-Concert de Ba-Ta-Clan
au mois d'octobre 1898
et reprise au Concert-Parisien et à la Gaité-Montparnasse
en février et mars 1899.

PARIS
C. JOUBERT, Éditeur, 25, rue d'Hauteville.

Répertoire des Auteurs Dramatiques.
Tous de reproduction, de traduction et d'exécution réservés.

PERSONNAGES

	Bataclan.	Concert-Parisien et Gaîté-Montparnase
CHARLES WIDPOKETT, bookmaker	Antony.	Moiroud.
PETRUS DUPONT, peintre	Helmont.	Helmont.
JEAN ROBERT, ouvrier ébéniste	Rosien.	Laurysse.
GUY DE VALGENEUSE, } jeunes viveurs.	{ Duchatel.	{ Dranem. / Delort.
GASTON BIDAULT,	{ Dembreville.	{ Marius F. / Dufort.
LE COMTE DE BLANZY, sportman	V. Karl.	{ Limat. / Joanyd.
MARTIN, grainetier	Angel.	{ A. Teste. / Cottin.
LE MONSIEUR AU TICKET	Angel.	{ A. Teste. / Cottin.
L'AGENT	Garçon.	Airvault.
WILLIAM	Polian.	Dorel.
LE MARCHAND DE COCO	Airvault.	Dorel.
d° DE NOUGAT	Eugène.	Paul.
d° DE PROGRAMMES	Gustave.	Émile.
d° DE TABAC	Stéfen.	Raoul.
ANTOINE, jeune palefrenier	Mme Marg. Favart.	{ Brunerye. / Napolinette.
MISS BURLINGTON	Ch. Martens.	G. Grandier.
LÉA DE VÉLIZY	O. Lifay.	O. Lifay.
MARIE SIMARD	Berville.	Violetti.
ZOZO	Bluetty.	» »
LA MOME TROMPETTE	Morly.	» »
LA DAME AU TICKET	Dargent.	d'Astand.
LA PAYEUSE	Victoria.	Anna.
LE TÉLÉGRAPHISTE	Morly.	Anna.

Palefreniers, Pompiers et Sociétaires de la fanfare, Promeneurs, Parieurs, etc.

Promeneuses et Parieuses.

Voir à la fin de la brochure les modifications pour la suppression du cheval et de l'âne — et pour la réduction ou la suppression de la figuration.

PARIS AUX COURSES

Étude de mœurs sportives en 1 Acte et 7 Tableaux

*Représentée au Théâtre-Concert de Ba-Ta-Clan
et reprise au Concert-Parisien et à la Gaîté-Montparnasse*

PREMIER TABLEAU
Chez l'Entraineur

A gauche, occupant un tiers du fond de la scène, une écurie avec porte praticable ; au 1er plan du même côté, pavillon avec porte praticable. Devant ce pavillon, table avec deux tabourets. Au fond, haie ou mur bas avec porte d'entrée laissant voir la campagne et un chemin montant légèrement.

SCÈNE PREMIÈRE

William *est en train de jouer aux cartes sur la table, en face d'un de ses camarades.* **Antoine**, *debout, regarde la partie. Au fond, des* **Palefreniers** *vont et viennent, portant des sceaux, de la paille, etc.*

Antoine, *à William.*

Ta manille !... Joue donc ta manille... je te dis qu'elle est bonne... Non... il ne la jouera pas !... Là ! Ça y est. T'es content... tu perds cinq points... Eh bien ! mon vieux, si t'étais pas plus fort comme jockey que pour jouer à la manille .. Cymbale, le cheval du patron, risquerait fort de ne pas gagner demain le Grand Prix d'Auteuil.

William, *accent anglais.*

Laisse-moi tranquille quand je joue... Quant au cheval du patron...

Antoine

Oh ! monté par un jockey comme toi, William, il arrivera bon premier... j'suis pas inquiet.

William, *jouant.*

Pardon... il y avait aussi le cheval anglais Plum-Pudding ; très bon, Plum-Pudding.

Antoine

Tu le boufferas, Plum-Pudding, comme tu voudras... dans un fauteuil... à moins d'un coup de travers...

William, *fâché.*

Qu'est-ce que c'est coup de travers ?

Antoine

Suffit... je m'entends... mais je ne t'engage pas à t'y fier avec le patron... le comte de Blanzy... pas commode, tu sais, le patron.

William

Le patron... le patron... Tu en as plein la bouche.

Antoine

Ah ! c'est que je l'aime monsieur le comte, je lui dois tout... Quand mon père qui, comme moi, était à son service, mourut victime d'un accident d'écurie, alors que j'étais encore tout loupiot... le comte me fit élever et servit une pension à maman jusqu'au jour où j'ai gagné mon pain.

William

Et tu le gagnes bien, puisque tout gosse que t'es. t'as la surveillance de ses chevaux de course.. même ici, chez l'entraîneur.

Antoine

Oh ! il peut avoir confiance, je lui suis dévoué. Je n'aime que deux personnes au monde, lui et Jean Robert.

William

Qu'est-ce que c'est que ce Jean Robert... un sous-patron ?

Antoine

Mieux que ça, mon lapin. C'en est un qui m'a sauvé la vie, tout bonnement... un jour que je faisais baigner les chevaux à la Seine : il y en a un qui me désarçonne et, v'lan ! je pique une tête dans la grande tasse où je buvais tout mon saoûl, tant et si bien que je croyais jamais ressortir du bouillon... quand une main vigoureuse m'empoigne et me ramène sur la berge... Une fois revenu à moi, je demande à mon sauveur, un jeune homme à bonne figure : Comment que vous vous appelez ?... — Jean Robert. — Qué que vous faites ? — Je suis ébéniste. — Où que vous demeurez ?.. — Faubourg Saint-Antoine. — Eh bien, Jean Robert, que je lui réponds, c'est désormais entre nous à la vie... à la mort... et depuis c'est mon copain... mon ami... mon frère !

William, *flegmatique.*

Très émotionnant !... *(A son partenaire)* A toi de faire !

Antoine

Je vois que ça t'a remué... cœur de brique... va !... (*Apercevant le père Martin qui vient derrière la grille d'entrée*) Oh! elle est bonne !.. V'là le père Martin, notre brave marchand de fourrage... quoi qu'il vient faire par ici un samedi à une heure pareille, et escorté de sa bourrique, par-dessus le marché ?

SCÈNE II

Les Mêmes, le Père Martin, *traînant son âne par la bride.*

Le Père Martin

Bonjour, vous autres.

William, *sans se déranger.*

Bonsoir, Père chose.

Antoine

En v'là une sévère ! Qué que vous venez faire par chez nous à sept heures du soir ? On n'a pas besoin de paille, ni de grain, vieux farceur !.. *Il lui tape sur le ventre).*

Martin

Aussi, c'étiont point de ça qu'il s'agit... C'est demain le Grand Prix d'Auteuil... J'ons voulu voir ça moi aussi, pour une fois dans ma vie... J'ons désiré voir gagner au grand galop de leurs quatre pattes... ces chevaux... ces pur sang, dont je suis quasiment le père nourricier. (*Antoine et les jockeys rient*). Eh ! bé dam... c'est-y pas mon foin et mon avoine qui leur z'y donnent du jarret ?... Alors, j'ons pris ma voiture à deux roues.,. mon tape-cul, comme ils disent... j'ons attelé mon bourriquot...

Antoine

Jean Mathieu... le célèbre Jean Mathieu...

Martin

Un peu, qu'il est bon... c'est un pur sang dans son genre, et je le donnerions pas pour bien des chevaux... Bref... nous v'là en route et nous arrivons ici dans le pays pour coucher à l'auberge et repartir demain matin... Va te faire fiche... l'auberge pleine de monde... un tohu bohu du diable... paraît que la Société Chorale de la ville part ce soir pour un concours de musique... J'obtiens une chambre à grand'peine... je mets mon tape-cul à la remise... mais je pensions tout de suite... J'allions pas laisser Jean Mathieu, mon brave bourriquot dans une cassine pareille et je venons te demander si t'aurions pas un petit coin pour la loger à c'te nuit.

Antoine

Mais, rien de plus facile, mon père Martin... (*Appelant un palefrenier*) Auguste, tu vas installer monsieur Jean Mathieu ici présent, l'honorable bourrique du non moins honorable mossieu Martin, dans cette écurie-box n° 2... à côté de Cymbale, le futur vainqueur du grand prix... Excusez du peu, mon vieux. . *(On emmène l'âne)* A propos, père Martin, il saura se montrer digne d'un tel honneur, votre âne ?... il sera convenable en société, votre baudet ?

Le Père Martin

N' craignez point... c'est gentil, bien élevé, doux comme une jeune fille et poli comme un curé .. (*Ils rient*) Et puis, vous savez, ce soir, à l'auberge, je paye une tournée soignée... j'ai du picaillon... quelques roues de cabriolet que j'ai soutirées à la mère Martin.,. Ç'a été dur... elle est tellement avaricieuse et tire liard, la vieille !... Disait-elle pas que je voulais de l'argent pour aller voir les filles ?

Antoine

Oh ! à votre âge, ça doit plus beaucoup vous tourmenter ?

Martin

Des fois... encore.

Antoine

Allons, vous devez pas leur z'y faire beaucoup de mal ?

Martin

All's se plaignent point.

Antoine

Vieux vantard !... mais si ce n'est pas pour elles, qu'est-ce que vous en ferez de vos pépettes ?

Martin

Je voulions jouer aux courses !

Antoine, *riant.*

Tu ne feras pas ça, petit inconséquent !

Martin

Je voulions jouer sur Cymbale, le cheval au patron. (*Charles Widpoket paraît au fond, sur le chemin*).

Antoine

Oui... Eh ! bien si vous voulez vous faire raboter vos pièces de cent sous, m'est avis que je vois arriver là-bas l'homme qu'il vous faut. Sir Charley Widpoket premier commis du grand bookmaker Paterson... et filou... (*il baisse ses doigts*). numéro un.

SCÈNE III

Les Mêmes, Charley, *entrant.*

ANTOINE, *continuant.*

Entrez donc... mon cher monsieur Charley... justement nous parlions de vous.

CHARLEY, *accent anglais.*

Très aimable... beaucoup aimable... God by... tout le monde... vo aussi, monsieur le cultivateur..

ANTOINE

Vous venez pour chercher des tuyaux .. gros malin...

CHARLEY

Yes... parce que quand on donnait à moi des tuyaux... *(faisant signe de payer)* j'arrose !... *(gros rire.)*

ANTOINE

Eh bien, aujourd'hui, il n'y en a qu'un... mon vieux. *(Charley met la main à la poche, Antoine l'arrête du geste.)* et il est gratuit... c'est la victoire certaine... absolument certaine de Cymbale, le cheval de monsieur le comte.

CHARLEY, *se rapprochant de William qui joue toujours.*

Ah ! le cheval de monsieur le comte, il était.

WILLIAM

Imbattable...

CHARLEY, *à mi-voix.*

Allons donc... un cheval ne gagne pas quand on le veut bien.

WILLIAM, *à mi-voix.*

Merci, je n'ai pas envie de me faire écharper...

MARTIN, *s'élançant.*

Je mets cent sous, moi, sur Cymbale !

ANTOINE

A quoi bon !.. Ça vous rapportera dix sous...

MARTIN

Alors, vaut mieux les boire...

ANTOINE

Parbleu... au moins comme ça... on sait par où ça passe !

CHARLEY

Cependant, si mylord désire faire d'autres paris, voici mon carte et mon adresse...

ANTOINE

Inutile, il la connait, je la lui ai apprise... Sir Charley... rue Vide-Gousset, à l'angle de l'impasse des Poires et du rond-point du Dégraissage.

CHARLEY, *riant jaune.*

Très drôle.. très amiousant. *(A part)* Il embêtait beaucoup moi, cette petite ramasseur de crottin.

ANTOINE

Et maintenant monsieur Charley, vous avez su ce que vous vouliez savoir .. maintenant file... il m'est interdit de tolérer ici aucune personne étrangère, ordre de l'entraîneur et du propriétaire...

CHARLEY

Pardon... monsieur le comte, il avait donné rendez-vous ici à moi pour un ordre de pari...

ANTOINE

Alors, c'est différent... mais vous ne l'attendrez pas longtemps... car il doit venir ce soir avant la nuit visiter une dernière fois son cheval.

MARTIN

M'est avis que j'entends des roulements de voiture... ça doit être lui...

CHARLEY, *regardant au fond.*

Yes... ce été lui... avec des dames et des messieurs... *(Poussant un cri)* Oh !

ANTOINE

Quoi ?... Vous vous êtes mordu la **langue** ?... Vous vous êtes marché sur le pied...

CHARLEY, *très troublé.*

Yes !... Je m'étais mordu le pied avec le langue... pardon le dame... là-bas... ce belle femme... Vous connaissez.

ANTOINE

Très bien... C'est miss Burlington.

CHARLEY, *très ému.*

Miss Burl... *(Se remettant)* Aoh ! c'est une très jolie personne.

ANTOINE

Elle a fait le tour du monde à pied... à la recherche de je ne sais quoi...

CHARLEY

Si ça vous faisait rien... je allai attendre monsieur le comte dans le bureau de monsieur le entraîneur.

ANTOINE

A votre aise... (*A part*) Qu'est-ce qu'il a ?...(*Haut*). Et puis, à côté de miss Burlington, cette dame élégante que vous voyez là... c'est Léa de Vélizy la bonne amie au patron.. Elle est bath !... hein ?

CHARLEY

Yes... elle était très bath... mais ouvrez-moi, je vous prie, je suis pressé !...

ANTOINE, *lui ouvrant à droite, à part*.

Oh !... il y a quelque chose...

CHARLEY, *à part*.

Miss Burlington... Oh! c'était un fâcheux rencontre. (*Il bute dans la porte et manque de tomber*).

ANTOINE

Prenez garde... il y a un pas !...

CHARLEY, *exaspéré*.

Il embêtait moi, beaucoup fort... cette petite ramasseur de crottin.. (*Il disparaît*).

ANTOINE

Allons... filez, vous autres... que monsieur le comte et ses invités ne vous trouvent pas ici en train de cartonner... et vous, père Martin .. allez m'attendre à l'auberge... je vous y rejoindrai dès que mon service me le permettra... (*Ils sortent tous par la gauche pendant qu'Antoine remet rapidement en place la table et les chaises, on aperçoit, arrivant au fond, le Comte, Léa de Vélizy, Petrus Dupont, Marie Simard et miss Burlington*).

SCÈNE IV

Antoine, le Comte, Léa, Pétrus, Marie Simard, miss Burlington.

LE COMTE, *à Antoine qui s'incline*.

Ah ! c'est toi, Antoine... dis-moi, mon garçon est-ce que l'employé de Paterson est venu.

ANTOINE

Il est là... dans le bureau... qui vous attend...

LE COMTE

J'y vais...

LÉA, *l'arrêtant*.

Monsieur le Comte... un mot avant que vous me quittiez... je vous en prie... je vous en supplie... permettez-moi de ne pas assister demain à cette journée de Grand Prix... je suis souffrante... nerveuse... et serais si heureuse de ces quelques heures de repos...

LE COMTE

Y pensez-vous, ma chère... quel est ce nouveau caprice ? Vous qui êtes de toutes les solennités parisiennes .. Vous, une des reines les plus fêtées du Royal-Viveur, vous n'assisteriez pas à la victoire de mon cheval .. et j'aurais le regret de ne pas voir... au milieu de mon triomphe... la jolie silhouette de celle que tous savent être ma meilleure amie... c'est impossible, ma chère, impossible, réfléchissez... (*Un peu sèchement.*) Il faut que vous y veniez.. je le désire.. je le veux !... (*Il sort suivi d'Antoine*.

PÉTRUS

Résignez-vous, ma pauvre amie... il paraît que vous aussi, vous faites partie de l'écurie...

MARIE SIMARD

Ce Pétrus Dupont !... Il se croit permis de tout dire.. parce qu'il est peintre et caricaturiste célèbre et que nous rions à ses boutades.

PÉTRUS

Monsieur le Comte dans l'hôtel duquel j'étais venu peindre quelques plafonds a bien voulu me prendre en amitié, il m'a invité à ses fêtes et initié à votre existence de... bâtons de chaises...

MARIE SIMARD

Vous la trouvez ?

PÉTRUS

Idiote...

MARIE SIMARD

C'est aimable pour un invité...

PÉTRUS

Je n'ai accepté l'invitation que sous bénéfice du droit de tout dire...

MARIE SIMARD

Alors, le monde sportif ?

PÉTRUS

M'horripile.

MARIE SIMARD

Et le sport, lui-même ?

PÉTRUS

Oh ! cela... c'est autre chose... j'en suis un adepte fidèle... parlez-moi de la bête de sang... aux naseaux frémissants, aux jarrets nerveux... parlez-moi de l'athlète aux nobles lignes faisant claquer son torse musclé sous le poids qu'il soulève ou chassant l'aviron repoussé par son bras d'acier... Mais votre pari mutuel, vos bookmaker, vos sportman de bas étage, vos bicyclistes en arc de cercle et leurs match stupides et sans but... Toute cette fange et ce cabotinage qui du sport n'a que l'étiquette, tout cela me semble grotesque ou odieux, et j'en fais des bonhommes dans les journaux qui font rire le soir ceux qui les applaudissaient le matin...

MARIE, à Léa.

Ma chère, voilà qu'il nous éreinte encore..

PÉTRUS

C'est vrai, j'oubliais que la belle Marie Simart, actrice jadis côtée de l'Odéon, était maintenant propriétaire d'une écurie de courses et s'occupait beaucoup plus de ses chevaux que de l'art dramatique...

MARIE

Que voulez-vous, mon cher... Molière m'était devenu indifférent.. Racine m'ennuyait.

PÉTRUS

Et vous bailliez aux Corneille. (Pierre ou Thomas).

MARIE

Tandis que les chevaux...

PÉTRUS

C'est bien plus littéraire... *(A Léa, seule, assise triste)* Alors, pourquoi pas la petite fête demain ? Couturier manque de parole ?... Toilette ratée...

LÉA

Non... J'ai des papillons noirs...

PÉTRUS

Je devine... retour chronique aux souvenirs du passé... on pense à l'intérieur familial... tranquille, honnête... on le regrette...

LÉA

Peut-être ?

PÉTRUS

Papa... maman... dénouement qui aurait pu être régulier...

LÉA

N'est-ce pas Pétrus, qu'un honnête homme ne pourrait pas maintenant m'aimer sérieusement ?

PÉTRUS

Dame, il y a des chances... pourtant, il y a des gens qui adorent les bibelots d'occasion... ça se trouve...

LÉA, *chassant sa lubie.*

Allons, j'étais folle... *(Haut)* Eh ! mon Dieu, miss... que devenez-vous depuis un quart d'heure que vous êtes ici... vous mesurez... vous examinez...

MARIE SIMARD

Vous admirez notre méthode d'entraînement.

MISS BURLINGTON

Oh ! no... C'est bien... mais je étais pas épatée... depuis mon voyage autour du monde sur mes pieds... je étais plus épatée par rien du tout.. mais je réunissais les documents d'un article sur l'entraînement français... pour le journal américain dont j'étais la correspondante... le *New-York illustre !*...

PÉTRUS, *lui serrant la main.*

C'est juste,... vous êtes une consœur.

LÉA

Mais vous nous parlez toujours de votre voyage autour du monde, miss, comment êtes-vous arrivée à l'entreprendre... Vous ne nous avez jamais dit ça...

MISS

Aoh ! c'était toute une roman... un roman d'amour..

PÉTRUS

Oh ! là, là .. Peut-on s'asseoir ?

MISS

Yes... sans ça vous tomberiez d'émotion... C'était il y a cinq ans dans l'Amérique du Sud... je fis connaissance d'un petit jeune homme.

PÉTRUS

Aïe !

MISS

C'était un Anglais... et c'était pour le bon motif... il voulait m'épouser... Ah ! qu'il était gentil... il avait des yeux... Oh ! des dents ! oh ! des mains !... oh ! des pieds... oh ! des mollets... Oh !

PÉTRUS

Eh ! là !..

MISS

Et des cheveux... doux et de ce jolie couleur... comme cette légume qu'on met avec le bœuf à la mode...

Pétrus

Ou autour du veau.. Carotte, miss, Carotte.

Miss

Yes ! carotte, il était carotte, et il m'ensorcelait... il m'étourdissait, il me séduisait quand il me disait de son voix enchanteresse : (*ici, tirade en anglais au gré de l'actrice*).

Pétrus

Impossible de résister à une langue si harmonieuse.

Miss

Yes, impossible résister... aussi, je succomba.

Pétrus

Bai...

Miss

If you please ?

Pétrus

Je succombai... pas ba...

Miss

J'aime mieux dire... je succomba... Le lendemain je lui remis mes papiers, l'argent de ma dot.. pour aller remplir les formalités... Je l'ai jamais revu depuis...

Pétrus

De sorte qu'il a emporté tous vos capitaux...

Miss

Yes... tous... Mais je me suis juré de le retrouver... et deux jours après je partais faire le tour du monde à pied, sans le sou, faisant pour vivre des conférences où je disais du mal des hommes.

Pétrus

Ça, c'est gentil...

Miss

Et des dessins pour les journaux... j'ai parcouru tous les pays, j'ai jamais repincé lui... mais je viens d'arriver en France, à Paris, et là, j'ai espoir..

Léa

Mais sayez-vous que ce jeune homme s'est conduit avec vous....

Miss

Comme une cochonne, madame, comme une vraie cochonne...

Léa, à Marie Simard.

Mais vous aussi, ma chère Marie, vous avez perdu, non pas un, mais vos deux amoureux, Guy de Valgeneuse et Gaston Bidault... je ne les vois pas, qu'en avez-vous fait ?

Marie

J'avais oublié mon ombrelle dans le mail-coach, je les ai envoyés la rechercher et je leur ai dit de ne pas se représenter devant moi sans l'avoir.

Léa

Vous les faites tourner en bourriques, ces pauvres garçons...

Marie

Oh ! je n'ai pas grand'peine (*On entend Guy et Gaston se chamailler au dehors*) Je vous dis que c'est votre faute, non, c'est la vôtre... Mais si... mais non.

SCÈNE V

Les Mêmes, **Guy de Valgeneuse** *et* **Gaston Bidault**, deux jeunes snobs, *très élégants, l'un très grand, l'autre très petit, ou l'un très gros et l'autre très mince.*

Guy

Je vous répète que c'est votre faute...

Gaston

Moi, je vous dis que c'est la vôtre.

Guy

Quand on est si petit, qu'on a l'air d'être un singe, on devrait avoir l'adresse de ce quadrumane.

Gaston

Monsieur... Ça n'est pas la peine d'être si grand... pour être si tourte.

Guy

Monsieur voilà ma carte...

Gaston

Monsieur, voici la mienne (*ils échangent leur carte*).

Guy

Oh ! je l'ai dans le tube, je l'ai dans le tube !

Gaston

Ah ! j'l'haïs-t-y ! j'l'haïs-t-y !

MARIE SIMARD

Allons, qu'est-ce qu'il y a encore !... Et mon ombrelle...

GUY, *piteux*

Votre ombrelle... C'est la faute à cet avorton...

GASTON, *piteux*

C'est lui qui en est la cause, cette grande girafe..

MARIE

Enfin... mon ombrelle ?

GUY

Voilà le manche.

GASTON, *lui donnant la carcasse en loque.*

Et voilà le reste.

MARIE

Elle est fraîche !

GUY

Je la cherchais dans le mail-coach, je ne trouvais rien du tout.

GASTON

J'étais à quatre pattes dans les voitures, pas de traces d'ombrelle..

GUY

Tout à coup, je l'aperçois... sur le dessus de la voiture. elle était appuyée contre la trompette.. je lève le bras.

GASTON

Je l'avais aperçue avant lui, alors, je grimpe à l'assaut...

GUY

Sur mon dos... je le secoue... v'lan, il dégringole... mais voilà qu'une fois par terre, il se met à me chatouiller les mollets... riqui riqui... ça me fait plier les jarrets et je tombe sur la trompette du mail-coach que je manque d'avaler... mais j'avais l'ombrelle.

GASTON

Grâce à moi... aussi, je veux m'en emparer.

GUY

Je résiste.

GASTON

Je tire... et (*montrant les débris*) voilà...

MARIE

Vous m'en offrirez une autre.

GUY

Oui, moi...

GASTON

Non, moi...

MARIE

Eh ! bien, tous les deux... ça me fera la paire.

GUY

Madame, quand on s'appelle Guy de Valgeneuse et qu'on est de vieille noblesse, on ne se met pas à deux pour offrir une ombrelle à une femme...

GASTON

Madame, quand on nomme Gaston Bidault, fils du Champagne Bidault, grand mousseux... on a... Dieu merci, les moyens. (*A Guy qui rit*) Oui, Monsieur, si vous êtes une vieille souche, moi, je suis une nouvelle couche.

GUY, *entre ses dents.*

Une nouvelle couche... qui produit des melons ..

GASTON, *furieux.*

Vous avez dit .. Monsieur. voilà ma carte...

GUY

Voici la mienne, Monsieur (*Ils échangent leur carte.*) Oh ! je l'ai dans le tube ! je l'ai dans le tube !

GASTON

Ah ! je l'haïs-t-y, je l'haïs-t-y !...

PÉTRUS

Ah çà ! mais ils échangent leurs cartes toutes les cinq minutes.

MARIE

Mais le soir, quand ils sont raccommodés, ils se les rendent.

PÉTRUS

Et elles resservent pour le lendemain... parfait...

GUY et GASTON, *riant.*

C'est vrai tout de même...

GUY

Je l'ai dans le tube, et pourtant je ne peux pas me passer de lui...

GASTON

S'il n'est pas là... il me manque quelque chose... et cependant j'l'haïs-t-y... Dieu ! j'haïs-t-y.

PÉTRUS

Pourquoi cette exclamation... coloniale ?

GASTON

Ça rend mieux mon exécration...

GUY

Notre antipathie inséparable est tellement connue qu'on a fait sur elle une chanson qu'on chante dans tous les cabarets ..

GASTON

Elle est bête comme tout... En voulez-vous quelques bribes .. Eh ! bien... écoutez :

GUY

 Ainsi que les cigares
 Qu'on vend deux pour trois sous

GASTON

 Ces deux êtres bizarres
 Ne sont jamais dissous

GUY

 Dans un coin de la ville
 Voit-on Guy quelque part

GASTON

 On peut être tranquille
 Gaston vient sans retard.

ENSEMBLE

 C'est Guy Guy
 C'est Ga Ga
 L'un est p'tit
 L'autr' l'est pas
  Ouistiti
  Echalas
 C'est Guy Guy
 C'est Ga Ga

II

GUY

 De chaque mode esclave
 D'chaqu' tailleur mannequin

GASTON

 Ils bouffent d'un air grave
 Leur futur Saint-Frusquin.

GUY

 Pour les femm's, plus d' déboire
 Car, grâce à ces messieurs

GASTON

 Il leur reste une poire.
 Pour la soif, et même deux
  C'est Guy Guy *etc.*

PÉTRUS

Ah ! mais je vous reconnais maintenant... vous aviez autrefois un troisième ami.

GUY

Oui, Gontran,..

PÉTRUS

C'est ça, Guy, Gaston et Gontran...

GUY

Mais Gontran a mal tourné.

GASTON

Oui, il s'est marié... Alors nous ne le voyons plus.

PÉTRUS

Et vous aimez la même femme ?

GUY et GASTON

Oh ! oui... le belle Marie Simard !..

MARIE

Et ils m'épouseront, ils me l'ont juré. .

GUY et GASTON

Oh ! oui...

PÉTRUS

Ensemble ?

MARIE

L'un après l'autre... il y en a un qui attendra son tour... longtemps sans doute, car aucun des deux ne me plaît et n'est mon type. Vous, Pétrus, vous seriez assez mon type... Hein ? si je vous épousais, il y en aurait des gens étonnés ?

PÉTRUS

Je crois bien... *(à part)* moi d'abord !..

MISS et LÉA

Eh bien, le petit me plairait à moi, et s'il me faisait la cour...

LÉA

Il aurait des chances... Voilà bien la loi des contrastes...

MISS

Mais, monsieur Pétrus, pourquoi est-il si petit ?

PÉTRUS

Il est peut-être de Cuba...

GUY

Dieu me pardonne... L'Américaine lorgne ce détritus.

GASTON

Détritus, vous-même... grand mât de cocagne mal graissé... si j'avais un petit banc, je vous gifflerais !..

GUY

Essayez-donc... *(Ils se menacent.)*

GASTON

En attendant, voici ma carte...

GUY

Voici la mienne ! *(A part.)* Oh ! je l'ai dans le tube ! je l'ai dans le tube !

GASTON

Ah ! j'l'haïs-t-y ! j'l'haïs-t-y !

SCÈNE VI

LES MÊMES, le Comte, Antoine.

LE COMTE, *parlant à la cantonade.*

Recommandez bien à monsieur Paterson de ne pas oublier cet ordre .. au fait, venez donc monsieur Charley, je vais vous présenter à mes amis.

ANTOINE

Monsieur le comte, il dit qu'il n'a pas le temps... ses comptes à faire... *(A part.)* Ah çà ! pourquoi diable l'english refuse-t-il de se montrer . il y a du louche.

LE COMTE

Je n'insiste pas... Ah !... maintenant, Antoine, le jour commence à baisser, fais-nous vite amener Cymbale, mon garçon, que je puisse jeter sur la bête le coup d'œil de la dernière heure...

ANTOINE

A l'instant, monsieur le Comte. *(Il fait signe à un ou deux palefreniers qui ouvrent l'écurie et en font sortir le cheval encapuchonné.)*

LE COMTE

Eh ! bien, mademoiselle Simard, vous qui faites courir... qu'en dites-vous ?

MARIE SIMARD

La forme me paraît parfaite, monsieur le comte

LE COMTE

N est-ce pas ?

GASTON

Ah ! le joli animal ! je m'y connais, moi...

GUY

Vous n'y connaissez rien du tout. . allez donc acheter des bouchons pour le champagne Bidault, grand mousseux.

GASTON

Vous n'en avez pas besoin de bouchon, vous... vous êtes assez bouché comme ça...

GUY

Monsieur, voici ma carte... *(A part)* Oh ! je l'ai dans le tube !

GASTON

Monsieur, voici la mienne... *(A part)* Oh ! j' l'haïs-t-y !

LE COMTE

Mais la nuit promet d'être fraîche... cette écurie me semble située trop près de la route... Fais donc conduire Cymbale dans le bâtiment D, il est mieux abrité.

ANTOINE

De suite... monsieur le comte... *(Aux palefreniers)* Vous avez entendu, vous autres... et une bonne litière, de la paille fraîche... *(Les palefreniers emmènent le cheval. — A part)* Voilà Jean Mathieu privé de son camarade de lit... le bourriquet couchera seul...

LE COMTE

Il est maintenant trop tard pour retourner dîner à Paris, ma foi, mes amis, à la guerre comme à la guerre, je vais vous offrir à dîner à l'auberge du pays.

ANTOINE

Ma foi, monsieur le comte, ça tombe mal, justement la société chorale part ce soir à un concours de musique par le train de 10 heures... ça fait que tout est en l'air dans l'auberge...

LE COMTE

Eh bien, tu feras donner ces quelques louis au trésorier de la chorale pour que les sociétaires boivent à notre santé, et à la victoire de Cymbale... et j'espère qu'ils nous laisseront bien un petit coin.

LÉA

Mais nous allons faire un dîner épouvantable.

PÉTRUS

Ils auront au moins de quoi nous faire une omelette au lard !

MARIE SIMARD

Fi ! l'horrreur !

PÉTRUS

Ah ! dame ! ça ne vaut pas le homard à l'américaine, ni les œufs glacés à l'aurore... au goût... mais combien elle est plus profitable à la diges-

tion que tous vos mets relevés et apprêtés...
L'omelette au lard !.. mais c'est la ressource, la
providence du vrai touriste en ballade... c'est elle
qui lorsqu'il arrive à l'étape, les brodequins pou-
dreux, mais l'appétit largement ouvert, vient lui
présenter son flanc doré, tentant, où les lardons
font de fumantes aspérités, arrosée de vin clairet,
elle le réconforte, lui fait oublier la fatigue et sui-
vie d'une bonne pipe et d'un moka suffisant le
plonge dans cette douce béatitude, résultat para-
disiaque d'une griserie de grand air et de l'absorp-
tion d'un repas champêtre... Aussi, Mesdames,
dussiez-vous me jeter le plus fort moellon, je
crierai bien fort : Vive l'omelette au lard !.. Aussi
saine à mon estomac que baiser de robuste
campagnarde, c'est à ma lèvre...

Le Comte

L'ami Pétrus a raison, Mesdames, et pour lui
prouver que nous applaudissons à son éloquent
panégyrique.. allons manger une omelette au
lard...

Miss Burlington

Yes ! une bien grosse... et avec beaucoup de
lard dedans.

(*Les dames aidées par leurs cavaliers remettent
leurs manteaux*).

SCÈNE VII

Les Mêmes, un petit Télégraphiste.

Le Télégraphiste

Antoine, Antoine .. tiens v'là une dépêche qui
vient d'arriver pour toi...

Antoine

Une dépêche .. (*il l'ouvre fébrilement.*)

Le Comte

Mon palefrenier reçoit des dépêches... (*riant*)
vous voyez, Mesdames, que la maison est sur un
bon pied...

Antoine

C'est d'un copain, monsieur le Comte. (*lisant
bas*) « Viens demain me trouver sur la pelouse au
« champ de course, il faut absolument que je te
« parle, ton ami désolé, Jean Robert... » Ton
ami désolé !.. il a besoin de moi .. Oh ! pour sûr
que j'irai !.. et sans manquer encore .. (*au télégraphiste*) Tiens, Fignolet, puisque t'es là...tu vas
prendre cette lanterne.. tu me la rapporteras
demain, tu sais .. il commence à faire noir... tu
vas éclairer monsieur le comte et sa société jusqu'à l'auberge... ah ! et puis tu remettras ça au
trésorier de la chorale de la part de monsieur le
comte pour boire à sa santé et à celle de son cheval Cymbale qui court demain... (*il donne l'argent remis par le comte*) là... maintenant bonsoir,
monsieur le comte ainsi que ces messieurs et
dames...

Le Comte

Bonsoir, Antoine ..et tu sais... fais bonne garde..

Antoine

N'ayez crainte, monsieur le comte. (*Le comte
offre son bras à Léa, Guy et Gaston offrent tous
deux les leurs à Marie Simard qui après une
dispute muette des deux rivaux prend celui de
Guy. Gaston offre le sien à Miss Burlington. Le
télégraphiste marche en tête avec sa lanterne.
Pétrus reste le dernier.*) Bonsoir, m'sieu Pétrus...
vous savez, vous me plaisez bien, vous... je vous
l'envoie pas dire...

Pétrus

Merci, mon garçon.. Tois aussi, tu me plais...
et si tu veux venir un jour dans mon atelier, je
te ferai un beau portrait...

Antoine

Ah ! oui... en pied !.. avec ma fourche à retourner le fumier (*il se pose.*)

Pétrus, *riant*.

C'est ça ! (*il s'éloigne.*)
(*Nuit. — Le théâtre n'est plus éclairé que par
une lanterne posée sur la table.*)

SCÈNE VIII

Antoine et Charley.

Charley, *sortant du pavillon*.

Enfin, ils sont partis... J'ai cru qu'ils n'en
finiraient pas...

Antoine

Tiens, le fils d'Albion... je l'avais oublié !...
Eh bien, vous avez fini vos comptes... ç'a été
long, et vous ne devez plus y voir bien clair...

Charley

Nô... mais je les faisais avec les yeux de la foi...

Antoine

Tant pis, pour vos clients.

Charley

Je suis resté... parce que je voulais vous
parler...

Antoine, *surpris*.

A moi .. pas longtemps, alors parce que je
n'éprouve aucun charme à votre conversation....

CHARLEY.

Dites-moi... la cheval... Cymbale... elle est toujours là dans son écurie?

ANTOINE, *à part.*

Ah ! oui, il n'était pas là... il ne sait pas qu'on l'a transféré là-bas... Eh bien, au fait, il n'a pas besoin de le savoir. (*Haut*) Oui, oui, il est toujours là, dans son écurie.

CHARLEY

Alors, je vais vous causer. (*Ils s'assoient*) Cette cheval... Cymbale... nous avons des paris énormes faits sur lui... si cette cheval, elle n'arrivait pas gagnante... toutes ces sommes resteraient dans notre caisse.

ANTOINE

Eh bien, soyez sans inquiétude... elles n'y resteront pas, parce que Cymbale gagnera.

CHARLEY

Cependant.. s'il arrivait à la cheval un accident imprévu, un petit chose qui sans l'empêcher de courir lui ôterait son qualité...

ANTOINE

Comment voulez-vous que ça lui arrive... on le surveille tant.

CHARLEY

Justement, si on le surveillait moins et que... vous permettez que je mette sur ce table, ce portefeuille plein de billets de banque... des banknotes comme on dit en Angleterre... J'ai les jambes toutes engourdies... je ferais bien un petit gigue pour rétablir la circulation du sang... tra là là.
(*Il fait quelques pas de gigue en tournant le dos à la table*).

ANTOINE

Qu'est-ce qui lui prend ?

CHARLEY, *revenant, à part.*

Le portefeuille est toujours là, il avait donc pas compris. (*Haut.*) Je refais encore le petit gigue... en tournant le dos.. regarde mon portefeuille. Vo pouvez regarder... et toucher aussi... (*Il danse comme plus haut*)

ANTOINE

Il devient maboul !

CHARLEY, *revenant à la table, stupéfait.*

Comment vous avez pas touché au portefeuille.

ANTOINE, *le regardant entre les deux yeux.*

Ah çà ! l'english, quelle comédie me jouez-vous là ? . auriez-vous l'intention de m'offrir cet argent pour quelque mauvais coup que je ne comprends pas encore. Ah ! nom de D... là... si je le savais.. j'suis qu'un gringalet, mais coquin de sort. (*Il marche sur lui*) j'aurais encore la force de vous casser un de mes manches de fourches sur l'échine...

CHARLEY, *à part.*

Hum ! rien à faire comme ça (*Haut.*) Eh bien ! je suis content, très content, je suis arrivé à ce que je voulais, à vous faire monter en vous faisant croire que je vous proposais de l'argent pour un sale coup... Hem ? elle bien bonne... vous offrir un sale coup, à vous un si honnête jeune homme... et de l'argent avec... allons, j'ai voulu rire...

ANTOINE

Drôle de plaisanterie...

CHARLEY

Ce n'est pas de l'argent que je veux vous proposer c'est un bon verre de Old Whisky que j'ai là dans ma gourde.. parce que j'ai toujours une gourde avec moi.

ANTOINE, *entre ses dents.*

Ça fait deux...

CHARLEY

Non, pas deux... une ça suffit... parce que tout ce qu'on vend dans les buffets sur les hippodromes... c'est pas bon .. j'ai aussi deux gobelets pour trinquer avec un ami... à la vôtre !

ANTOINE, *prenant un gobelet et trinquant.*

A la vôtre... (*L'observant sans boire.*) Où veut-il en venir... Oh ! il a jeté le contenu de son gobelet !.. il y a quelque chose dans cette eau-de-vie... un narcotique peut-être... nous allons bien voir... (*Il jette son gobelet et feint de boire après*).

CHARLEY

Hem ? C'est du bon ! du Whisky n° 1, la reine Victoria n'en boit pas de meilleur...

ANTOINE

J'te crois...

CHARLEY

Encore une tournée .. (*il verse*).

ANTOINE

Volontiers... comme ça j'en boirais tant que vous voudrez.

CHARLEY, *même jeu.*

Oh ! que c'est bon... que c'est bon !

ANTOINE

Excellent... tiens, mais on dirait que la tête me tourne.

CHARLEY, *avec joie.*

Ah !... déjà...

ANTOINE, *à part.*

Il jubile... sûr que c'était un narcotique... (*Haut*) Ah ! c'est drôle .. les tempes me battent, les oreilles me bourdonnent... j'ai des bleuettes devant les yeux... Ah ! c'est drôle ! c'est drôle... (*Il feint de tomber endormi sur la table*).

CHARLEY

Ça y est... pas une minute à perdre.. d'abord relisons la dépêche de Paterson... (*Il tire une dépêche de son portefeuille et la relit à la lueur de la lanterne*) « Verser dans un seau d'eau, le contenu de la petite fiole, délayer et faire boire au cheval. » Bon (*Il laisse la dépêche sur la table*) De l'eau... un seau... où... Ah ! par là... (*Il sort à gauche*).

ANTOINE, *se relevant et sautant sur la dépêche.*

Que dit cette dépêche ?... Zut ! c'est de l'anglais... bah ! à force d'entendre parler les jockeys j'en comprends quelques mots.. de l'eau... une fiole... faire prendre cheval... Ah ! je comprends... ils veulent faire prendre quelque drogue énervante à Cymbale.. mais heureusement il ne le trouvera pas, oui. mais il trouvera l'âne... Laissons-le faire... Ah ! si je pouvais garder cette dépêche... ce serait une pièce à conviction... Ah ! oui, mettons celle de Jean Robert à la place... il revient... je pionce... (*il reprend sa posture*).

CHARLEY, *revenant avec un seau.*

Ce potion, il est prête.., maintenant la lanterne.

ANTOINE, *à part.*

Ah ! non... il ne faut pas qu'il voie clair. (*comme d'un geste inconscient de dormeur, il renverse la lanterne*).

CHARLEY

Goddam !... il a renversé la lanterne... Oh ! il fait de la nuit je verrai assez clair... Pourvu que l'écurie soit ouverte... elle l'est .. aôh !... j'avais mon quieur qui faisait une très grosse boum ! boum ! On dirait que j'avais une horloge au-dessus du nombril. (*Avec résolution*) All right !.. (*Il entre dans l'écurie*).

ANTOINE

Pauvre Jean-Mathieu ! c'est lui qui va gober le bouillon... Qu'est-ce que dira le père Martin demain. Bah ! vaut mieux que ce soit lui que Cymbale.

CHARLEY, *rentrant.*

Ça y est.. il a bu !... C'est drôle l'obscurité, la cheval il m'a paru beaucoup plus petit... et il devait avoir un bonnet... car ses oreilles m'ont semblé longues ! longues ! (*Se remettant*) Ça va mieux. Ah ! mon dépêche que j'oubliais.. (*il la ramasse*) demain la victoire à Plum-Pudding... et à nous la galette ! Hip ! hip ! hurrah pour le Old England.

CHŒUR AU LOINTAIN

Air de Charles VI

Viv'nt nos chevaux
Jamais (*bis*) en France
Jamais l'Anglais ne gagnera !...

CHARLEY, *stupéfait.*

Qu'est-ce que c'est que ça ?

ANTOINE, *faisant semblant de s'éveiller et s'étirant.*

C'est la société chorale qui part au concours, et qui va prendre le train de dix heures... Vous devriez bien en faire autant m'sieu Charley, je tombe de sommeil, et je crois parbleu que je viens de m'endormir un peu.

CHARLEY

Je m'en vais, je m'en vais (*Il se dirige vers la porte*) Bonsoir, le roi des palefreniers. Ah ! ah ! *Il rit goguenard*.

ANTOINE

Bonne nuit et à demain, mon vieux Book de familles ! Ah ! ah ! (*Il lui rit au nez*) *Au moment où Charley va sortir, le chœur, qui s'est rapproché petit à petit, éclate très fort. — La société chorale, bannière en tête et escortée par les pompiers du pays portant des torches, défile au fond dans le chemin en reprenant le chœur qu'elle termine par les cris de :* « Vive monsieur le comte ! vive Cymbale ! »

RIDEAU

DEUXIÈME TABLEAU

Sur la pelouse du champ de courses d'Auteuil. Face au public, les tribunes, la piste le poteau d'arrivée, et le tableau d'affichage. A gauche, des baraques du par mutuel à droite, arbres et tables des marchands de coco. Une course vient de finir. Brouhaha général coupé par les cris des marchands de coco. Quelques joueurs sont groupés autour du poteau où l'on doit afficher le numéro du cheval gagnant, on affiche le n° 4 premier. Rumeur au milieu de laquelle sort comme un tonnerre la voix d'un monsieur qui s'adresse à sa femme.

SCENE PREMIÈRE.

Un Monsieur, une Dame, Foule, un agent.

Le Monsieur, *hurlant.*

Le 4 !.. Saucisse-Plate premier ! mon cheval gagne. Tu vois, si je t'avais écouté, avec ton carcan, nous aurions paumé un coup de plus !

La Dame

Puisque je te répète que mâme Mélie, la fruitière m'a dit que Saucisse-Plate était sous l'influence de son sexe ; elle m'avait donné Chameau II comme une certitude !

Le Monsieur

N'empêche que Chameau II est dans les choux et que Saucisse-Plate s'est balladée.

Voix, *dans la foule.*

A la dernière haie, j' croyais bien que Chameau II avait course gagnée. (*Des parieurs vont toucher leurs tickets au bureau*).

Le Monsieur, *sans savoir d'où ça vient.*

Oh ! là ! là ! Y n'a jamais existé. Ç'a été une vraie promenade de santé pour Saucisse-Plate ; si son jockey l'avait pas retenue, il aurait gagné d'un demi-tour de piste. Il en avait plein les mains. C'était le seul cheval à jouer.

La Dame, *timidement.*

Cependant, Chameau II...

Le Monsieur

Tu vas pas m' foutre un peu la paix avec ton Chameau II. Toi et mâme Mélie, vous n'êtes que des navets à ce petit jeu-là ! (*rumeurs dans la foule*) Ah ! on a affiché le rapport. (*Il essaie de lire au loin*). C'est parti à 10/1 ; ça fera au moins du 60 balles. (*Il pu le lire*) Zut ! 24. 50. Quels filous que tous ces types du pari mutuel !

La Dame

N' fais donc pas tant de discours et grouille-toi pour aller toucher ton ticket. C'était ta dernière pièce de cent sous à jouer pour aujourd'hui. Va toucher si tu veux jouer dans le grand steeple... A propos, tu sais que dans le grand steeple, mâme Mélie voit sûr à l'arrivée.

Le Monsieur, *commençant à chercher son ticket, scandant.*

Fous-moi la paix avec mâme Mélie?

La Dame

C'est bon, c'est bon : on verra après la course.

Le Monsieur, *fouillant toutes ses poches.*

Ça, c'est rigolo, j'avais pourtant bien rangé mon ticket... voyons...

Un Marchand de programmes, *s'approchant.*

L'*Officiel*, la carte ..

Un Marchand de crayons

Qui n'a pas son crayon ?

Un Marchand de nougat

Bono, Monsieur, jamais malade.

Le Monsieur, *agacé.*

Zut ! (*Il vide ses poches, énumérant ce qu'il sort de ses poches*) : mon programme, mon Auteuil-Longchamps... les pronostics de mon bistro...

Un Marchand de tabac

Tabac, cigares, cigarettes, allumettes.

Le Monsieur

Fiche-moi la paix... je fume bien assez ! (*Fausse joie*) Ah ! le voilà ! Ah ! non ! c'est une reconnaissance du Mont-de-Piété ! mais tonnerre de Brest ! je l'ai perdu, ou on me l'a volé !

La Dame

C'était pas la peine de tant crâner, avec ton cheval, pour ce qu'il va te rapporter.

Le Monsieur, *furibond.*

Mais toi ! eh ! paquet de chicorée, si au lieu de faire la dinde, tu l'avais rangé dans ton sac on ne l'aurait pas filouté.

La Payeuse, *passant.*

Cinq sous de moins, je paie.. cinq sous d' moins, j' paie de suite. .

Le Monsieur

Cinq sous d'moins, ça va... seulement, j'ai perdu mon ticket !

La Payeuse, *en s'éloignant.*

Dis donc, mon vieux, j' suis pas venu à Paris pour voir la grande roue. Faudra l' faire à d'autres, à d'autres, mais avec moi, ça n' colle pas ! *(Il sort).*

Le Monsieur

Bon sang d' bon sang, pour une fois que j' touche un gagnant ! Quelle déveine !

La Dame

N' te désole pas, quoi. Tiens, il y a une huitaine de jours, à Maisons-Laffitte, mâme Mélie...

Le Monsieur

Ah ! si tu m' parles encore de c'te vieille punaise-là, je te retourne comme une peau de lapin. *(Désignant une baraque de pari mutuel)* Tiens, c'est là que j'ai pris mon ticket ; j' vai expliquer ce qui m'est arrivé au bonhomme qui est dans la baraque et nous verrons bien. *(Il cause avec le caissier. Pendant ce colloque, la conversation s'engage entre un marchand de coco et un consommateur).*

Le Marchand de coco, *boniment.*

Qui veut boire ? Qui veut se rafraîchir ? Je donne à tous mes clients un verre d'excellent coco et comme prime le gagnant certain du grand steeple-chase. De même que j'ai donné Saucisse-Plate comme une absolue certitude, mon gagnant dans la suivante est imbattable. *(Un naïf se risque ; on lui sert un verre de coco ; il interroge du regard le marchand de coco qui lui parle bas à l'oreille et lui dit à haute voix)* C'est couru !... *(Au même moment, grand bruit à la baraque du mutuel, le monsieur donne des coups de poing sur la baraque ; un petit rassemblement s'est formé ; au bruit, arrive un agent.*

L'Agent, *au monsieur.*

Dites-donc, dites-donc, est-ce que vous prenez cette baraque pour votre belle mère pour la tambouriner de cette manière ?

Le Monsieur

Mais, m'sieu l'agent ?

L'Agent

Y a pss de monsieur l'agent. Je connais mon devoir et la consigne. Le matériel, il doit être respecté et je vais vous fourrer à l'ousto, moi !...

Le Monsieur

Monsieur l'agent, j'avais joué Saucisse-Plate !

L'Agent, *s'adoucissant.*

Ah ! oui ! Saucisse-Plate, cheval déclassé ; il a gagné de deux longueurs !

Le Monsieur

De deux longueurs, arrêté, monsieur l'agent ; je l'avais joué à coup sûr ; c'était un tuyau du beau-frère de la concierge du cousin-germain du du baron de Fumelair.

L'Agent, *amicalement.*

Vous avez de bons renseignements dans cette écurie-là ?

Le Monsieur

Jamais je n'ai passé à travers. Aujourd'hui, il m'avait donné deux certitudes : Saucisse-Plate.

L'Agent, *machinalement.*

Bon cheval, cheval de classe.

Le Monsieur

Et dans le grand steeple, il m'a encore donné un gagnant imbattable.

L'Agent

Vraiment. Cymbale, peut-être.

Le Monsieur

Mais non, mon vieux. Il y a un coup de travers. L'Anglais gagne sûr.

L'Agent

Plum-Pudding ?

Le Monsieur

Chut ! Plus bas !! Oui ! Plum-Pudding tout seul ! Dans un fauteuil !

L'Agent, *prenant un journal sportif.*

Oh ! mais ! voyons donc ça. *(Il lit).* « Plum-Pudding, gagnant le Grand Handicap à Newmarket, portant 57 kilos a battu Forester à qui il rendait 7 livres *(Parlé.)* Il a raison ! C'est le cheval du papier ! Je vais mettre 2 fr 50 de chaque côté ! *(Le monsieur pendant ce temps s'est esquivé doucement, apercevant au lointain.)* Dites donc ! hep ! là-bas ! la piste ! elle est pour les chevaux et pas pour les piétons ! Rentrez donc sous la corde !

(Il sort. — Les cris des marchands recommencent.)

Un Marchand de programmes

L'Officiel, la carte.

Un Marchand de nougats

Bono, Monsieur... jamais malade..

Le Payeur

Pour cinq sous de moins, je paie.

Un Marchand de tabac

Tabac, cigares, cigarettes, allumettes...

Un Marchand de pronostics

Demandez... le clairvoyant... le seul qui donne de véritables pronostics.

Un Marchand de coco

Qui veut boire ? qui veut se rafraîchir ?

SCÈNE II

Jean Robert, Pétrus.

Jean, *il entre, marchant lentement, s'orientant.*

Antoine m'a écrit ce matin qu'il m'attendrait vers 3 heures, près du poteau d'arrivée... C'est bien là !.. Pourra-t-il me retrouver dans cette foule ? Quelle cohue !...

(*Pétrus est entré à reculons dessinant sur un carnet ; il se cogne dans Jean.*)

Pétrus, *se retournant.*

Oh ! pardon !

Jean

Y a pas de mal !

Pétrus

Comment ! c'est vous, le fils Robert, n'est-ce pas !

Jean

Mais oui. (*Il cherche puis avec joie*) Monsieur Pétrus Dupont ! Excusez-moi si je ne vous ai pas reconnu tout de suite. Voici bien longtemps que vous êtes venu voir le père.

Pétrus

On n'a pas tous les jours des vieux meubles à faire réparer ! Ça me fait plaisir de vous rencontrer ; j'étais en train de me dire en crayonnant que la plupart de ces gens-là étaient laids, affreux, avec leurs regards fiévreux et leurs gestes d'épileptiques ; vous m'avez l'air calme ; sans blague, ça repose la vue. Ça m'étonne même un peu de vous voir ici, vous, qui êtes plus qu'un ouvrier, presqu'un artiste ; ça vous intéresse donc les courses, et le pari mutuel, toute cette duperie !..

Jean

Ma foi, non, monsieur Dupont, et ce n'est ni pour jouer, ni pour me divertir que je viens ici, je vous avouerai même que c'est la première fois que je mets les pieds sur un champ de courses. Mais j'ai rendez-vous ici avec Antoine, un des palefreniers du comte de Blanzy.

Pétrus

Celui à qui vous avez sauvé la vie ; je connais l'histoire ; pour être plus sûr, faites-le demander au pesage.

Jean

Nous devons nous trouver ici, et j'aurais peur de me croiser. J'ai absolument besoin de le voir ; un service à lui demander : une chose grave.

Pétrus, *le regardant.*

Ah ! alors, c'est différent ! Attendez-le. Vous êtes d'ailleurs admirablement placé pour voir défiler devant vous tous les types des courses.

Jean

Ils ne me paraissent guère intéressants.

Pétrus

Parce que vous les connaissez mal. Voici le joueur satisfait ; il rayonne, il vient de toucher un cheval à 40 contre un ; celui-là, c'est le contraire ; regardez-le fouiller dans toutes ses poches ; il n'a plus que quelques francs. Impossible de mettre cent sous sur un cheval, car sachez-le, jeune homme, l'Etat protège les joueurs et pour les empêcher de risquer leur argent, les force à risquer cent sous. Ça rapporte davantage au pari mutuel ! Ah ! voici le joueur décavé qui rencontre un ami. Bonjour ! Ça va bien ? Vous gagnez ? Non. Moi non plus. Si vous mettiez deux francs cinquante avec moi ! Hé ! Hé !... oui ! Les voilà partis ! Voici des commères, charbonnière et fruitière ou concierge en rupture de cordon... Cela gesticule cela crie. Ah ! voici un mari qui s'approche ! Il a une tête de charcutier ! Va donc vendre tes boudins, imbécile ! Il n'est pas de l'avis de ces dames ! (*Le monsieur reçoit une formidable gifle*). Proclamation des *doigts* de la femme ! Il aurait mieux fait de se tenir tranquille ! (*Passent des cocottes, puis les deux byciclistes de la scène suivante*). Voici maintenant le bataillon de Cythère ; on ferait mieux de dire peloton de Cythère ! en avant, pelotons !... Voici la cocotte moderne : plus de jupons, des culottes ; plus de corsets, c'est pas la peine ! Y a rien à mettre ! Voyez venir de côté les petits employés, jeunes bureaucrates et pâles calicots ; là-bas, des ouvriers, rudes turbineurs. Tout cela se précipite, se rue vers cette grande maison de jeu qu'est le pari mutuel en écorchant des mots anglais dont ils ne comprennent même pas le sens, Tous se grisent de ce sport qui fut jadis intéressant et que l'on pourrait remplacer sans inconvénient par un jeu mécanique de petits chevaux !... Je ne vous rase pas trop, mon ami, d'ailleurs, si je vous ennuie, ne m'écoutez pas. Je cause comme je pense : pour moi-même !

JEAN

J'ai pris un vif plaisir, au contraire, à votre éreintement des *pelousards*, mais au pesage le monde des joueurs doit être bien plus chic.

PÉTRUS

Sans doute... on y joue plus gros jeu et il faut payer un supplément de 19 francs pour y pénétrer. Les vrais sportmen y coudoient les rastas et les femmes du monde y frôlent les grues de marque... mais le véritable roi de cette enceinte privilégiée c'est le bookmaker... le book... par abréviation et le hasard nous amène par ici un des meilleurs échantillons de l'espèce... sir Charley Widpocket que le comte vient de me présenter, il y a un quart d'heure. Voici l'objet.

SCÈNE III

LES MÊMES, Charley *très affairé*.

CHARLEY

Ah ! bonjor, Monsieur... *(Il veut passer)*.

PÉTRUS, *le retenant*.

Une minute !

CHARLEY

Je étais beautiful pressé ! Je allais au bureau à 5o francs pour me couvrir.

PÉTRUS

Une seconde le temps de vous croquer.

CHARLEY, *piaffant*.

Vitement, alors, if y ou please.

PÉTRUS, *dessinant et parlant à voix basse.*

Avez-vous vu rarement allure plus cauteleuse, front plus bas, regard plus faux et plus louche. Quel joli spécimen de canaille. *(Fermant son album)* Merci, monsieur Charley, je tiens mon type... mon portrait est fini.

CHARLEY, *filant*.

Aoh ! tant mieux ! je regarderai une autre fois. *(Il disparaît du côté des baraques).*

PÉTRUS, à *Jean qui regarde furtivement l'heure*

Vous vous impatientez ?

JEAN

Je m'inquiète.. le temps se passe et je n'ai pas de solution pour l'affaire pressante qui m'amène... Aussi je me décide à suivre votre conseil et à me diriger vers le pesage...

PÉTRUS, *lui serrant la main.*

Au revoir, mon ami

JEAN

Votre main, à moi, un ouvrier !

PÉTRUS

Et pourquoi pas ? L'artiste et l'ouvrier sont faits pour s'entendre et puis... je serre assez de mains fines ou gantées qui me dégoûtent pour presser avec plaisir la main calleuse d'un honnête homme... d'un travailleur ! *(Il remonte avec Jean auquel il indique le chemin. Jean sort).*

SCENE IV

Charley, Petrus, *puis le* Comte, Léa, Marie, Guy, Gaston.

CHARLEY, *entrant son calepin à la main.*

17 et 8... 25 et 4... 29 et 2.. 31... 31,000 francs ; ce était très bien. Plum-Pudding arrive... Cymbale arrive pas.. Tout va bien... *(Il se frotte les mains).*

PÉTRUS, *descend et lui frappe sur l'épaule ; Charley sursaute et jette un cri étouffé, riant.*

Vous avez cru que c'étaient les gendarmes ?

CHARLEY

Les gendarmes... farceur ! *(A part, se remettant)* Ce était vrai... je étais tout bouleversé... j'ai le badabonnu...

PÉTRUS

Ça boulotte les affaires .. et Cymbale ?

CHARLEY

Oh ! une prise... effrayant !.. Tout le monde en veut c'était du délire !.. du folie !..

PÉTRUS, *que ça laisse froid.*

Ah ! tant mieux !..

CHARLEY, à part.

Oui, mais quand elle arrivera tout-à-l'heure... Clopin-Clopant... (il imite un galop languissant) Ils en feront une gueule...

PÉTRUS, un peu remonté.

Pourquoi dansez-vous ?

CHARLEY

La joie que Cymbale..

PÉTRUS, qui regarde au fond.

Eh bien ! dansez donc un peu devant le comte ; ça lui fera plaisir... le voilà justement qui se dirige par ici.

CHARLEY

Seul ?

PÉTRUS

Non ; avec ces dames qui viennent sans doute s'encanailler.

CHARLEY, avec une indifférence affectée.

Mais... comment l'appelez-vous., miss Bru... bu...

PÉTRUS

Miss Burlington.

CHARLEY

Yes... elle était pas avec eux...

PÉTRUS

Non... ça vous ennuie !

CHARLEY, vivement.

Oh ! no ! (Se reprenant et soupirant Oh ! si ! beaucoup fort !

PÉTRUS

Je parie que vous avez un béguin pour elle !

CHARLEY

Oh ! Yes ! une grosse béguin ! . une coiffure très forte !.. (A part). Oh ! ce maudite américaine !. je avais un mal à l'éviter. (Entrée du Comte que Charley salue obséquieusement Léa est à son bras ; Marie le suit, flanquée de Gaston et de Gontran).

LE COMTE, à Léa.

Quel singulier caprice, ma chère amie, de venir ici sur la pelouse.

LÉA

Ah ! mon cher, j'en avais assez de votre monde chic ! il m'assommait... j'avais hâte de voir et de frôler des gens moins guindés.

LE COMTE

Gare aux quolibets !

LÉA

Bah ! j'ai bon bec ! je saurai répondre ! (D'un côté, Guy et de l'autre, Gaston se font de gros yeux et se menacent).

MARIE

Quand vous aurez fini de vous regarder en chiens de faïence, je ne pouvais pourtant pas accepter votre bras à tous les deux. C'est déjà assez bête de venir ici sur la pelouse, sans y faire le panier à deux anses.

GUY

C'est moi qui vous l'ai offert le premier.

GASTON

Non, c'est moi !

ENSEMBLE

C'est moi ! entendez-vous !...

GUY

Vous avez menti !

GASTON

Insolent ! grossier !

ENSEMBLE

Voici ma carte !

GUY

Oh ! je l'ai de plus en plus dans le tube !

GASTON

Ah ! j' l' haïs-t-y ! C'est immense ce que j' l' haïs !

MARIE

Dieu ! que vous êtes assommants ! je suis très fatiguée... vous feriez mieux d'aller me chercher un pliant.

ENSEMBLE

Un pliant ? Tout de suite ! (Fausse sortie. Ils reviennent) Où ça ?

MARIE

Là-bas, à cette baraque, près du buffet : on en loue.

GUY

J'y cours.

GASTON

J'y vole ! (Ils sortent en courant et en se bousculant)..

Marie

Ouf ! m'en voilà débarrassée un moment ! C'est à qui sera le plus ridicule, le plus stupide !

Le Comte

Ma chère Simard, ayez un peu d'indulgence pour vos amoureux.

Léa

Lequel préférez-vous ?

Marie

Ma chère, je vous en prie, pas de bateau ; je trouve Guy trop grand, Gaston trop petit.

Pétrus

Faites rogner le plus long et rallonger le trop court. Tout est possible avec la chirurgie moderne.

Le Comte

Je les aperçois là-bas qui se disputent à qui vous apportera le pliant.

Marie

Oh ! ça m'est égal ! je n'en ai pas besoin ! (*Guy et Gaston entrent en tenant chacun l'un des montants du pliant. Ils tirent l'un à droite, l'autre à gauche. Tout à coup le pliant se casse et les deux gommeux vont tomber, l'un à droite, l'autre à gauche. Charley et Pétrus se précipitent et les aident à se relever. On rit.*) Eh bien ! c'est comme ça que vous m'apportez mon pliant ?

Guy

C'est de sa faute ; c'est comme pour l'ombrelle.

Gaston

C'est de votre faute, idiot !

Guy

Mollusque !

Gaston

Crétin !

Guy

Abruti !

Gaston

Voici ma carte !

Guy

Voici la mienne ! (*A part*) Oh ! ça finira mal ! je l'ai trop dans le tube !

Gaston

Un jour, je lui mangerai le nez ! j' l' haïs-t-y, Seigneur, j' l' haïs-t-y !... (*Ils remontent en se disputant*).

Le Comte, à Charley.

Eh bien ! monsieur Charley, la cote de Cymbale est superbe. J'avais entendu au pesage des bruits fâcheux. Je vois, Dieu merci, qu'il n'en est rien.

Léa, au Comte.

Mon ami, si vous voulez, allons déambuler dans la foule.

Le Comte

L'on va vous bousculer.

Pétrus

Abîmer votre toilette.

Léa

Bah ! Le comte m'en paiera une autre ; il va gagner le Grand Prix.

Charley, à part.

Si elle avait jamais que celui-là, elle pouvait fouiller elle, beaucoup, extrêmement. (*Regardant*) Aoh ! goddam ! Voilà là-bas le miss Burlington !... oh ! god ! god ! je savais plus comment faire pour le éviter ! Allons-nous en vite ! (*Il cherche à s'en aller en sondeur. A ce moment, le monsieur de la scène 1 rentre, triomphant en brandissant son ticket et lui tape dans le dos*).

Le Monsieur

Il est retrouvé ! Le voilà !

Charley, très troublé.

Hein ? quoi ? Ce n'est pas moi !

Le Monsieur

Je pense bien que ce n'est pas vous ! c'est bibi, qui l'a retrouvé son ticket qu'il croyait perdu.

Charley

Votre ticket ! je m'en battais le z'yeux ! stioupide homme. (*Il s'en va rapidement*).

Le Monsieur

Va donc ! Eh ! toi ! l'agence Cook !... (*Allant au guichet*) Ça y est, mon vieux. Je l'ai, mon ticket... ma poche était percée... il avait coulé ! Je l'ai retrouvé dans ma chaussette... Allez, aboulez-les 24.50. (*Il touche et s'en va en gambadant*).

Miss Burlington, *arrivant essouflée, hors d'elle et tombant au milieu du groupe formé au fond par le comte et des amis.*

Ah ! mes amis... je étais dans une émotion... Un siège... je vous prie pour placer mon base.

Tous, *s'approchant, on lui donne un tabouret pris au marchand de coco.*

Qu'avez-vous, Miss ? Qu'est-ce qu'il y a ?

MISS BURLINGTON

Ce qu'il y a ? (*Se relevant*) Je crois que j'avais enfin retrouvé le crapioule... le chemeau... qui avait pris à moi le honneur avec mon bon galette.

LÉA

Ne craignez-vous pas de vous tromper ?

MISS BURLINGTON

Oh ! no !... le haine, il était comme l'amour, aussi perspi... perspi...

PÉTRUS

Cace...

MISS

Cace... yes.. oh ! yes... je la casse, si c'était lui... il avait coupé son barbe et ses cheveux ; ils étaient plus carrotte... ils étaient... comme ce herbe jaune qui fait de la tisanne.

PÉTRUS

Chiendent, Miss.. chiendent très rafraîchissant, très utile.

MISS

Yes.. chiendent... mais c'est lui... j'en étais presque sûre... car il m'a paru chercher à se cacher. (*Regardant au loin*) Ah ! je le revoyais... là-bas... il filait le long du grille... Ah ! crapioule ! Ah ! chemeau ! si je rattrapais, toi !.. (*Elle sort comme une folle.*)

PÉTRUS, *regardant avec les autres du côté où elle est partie.*

Ah çà ! où est-il, son bonhomme !

LE COMTE

Dans une foule pareille, il n'est pas facile de le distinguer.

LÉA

Allons ! bon ! voilà un individu qui vient de tomber dans la rivière !

MARIE

Ah ! mon Dieu ! s'il allait se noyer !

GUY

Se noyer ! Allons donc ! ne suis-je pas là !..., (*A part*) Voilà le moment de frapper l'imagination de Marie !

GASTON

Se noyer ! je le sauverai, moi. (*A part*) Si Marie ne m'aime pas après ça !

GUY, *le retenant.*

Inutile de vous déranger !

GASTON, *s'échappant.*

J'y serai avant vous... (*ils se bousculent. Gaston passe entre les jambes de Guy qui le poursuit*).

MARIE

Pourvu qu'ils arrivent à temps !

LE COMTE

Oh ! vous avez ! la rivière a 50 centimètres de profondeur !

PÉTRUS

Dans les endroits où il y a du fond !

LÉA

Ça suffit pour se noyer !

PÉTRUS

Il est certain qu'avec beaucoup de bonne volonté, on peut arriver tout de même.

LE COMTE

Ah ! le naufragé est sauvé. Le voici qui vient par ici.

PÉTRUS

Oh ! il est méconnaissable ! C'est un vrai tombereau de boue, une véritable inondation, Mesdames, gare les taches, si vous tenez à vos toilettes.

LÉA et MARIE

Je crois bien que nous y tenons. (*Elles s'écartent au fond où elles disparaissent avec le comte de Pétrus.*)

CHARLEY, *rentre, escorté par la foule qui rit : il a le visage plein de boue, des boîtes à sardines, des détritus de mangeaille, de vieux papiers sont collés à ses vêtements.*

Laissez-moi le paix ; je avais besoin de rien. (*A part.*) L'Américaine me serrait de près... je avais fait semblant de tomber à l'eau et je avais frotté mon fiougioure dans le boue du fond :.. je défie bien de reconnaître comme ça.

LE MONSIEUR AU TICKET

Faut l'débarbouiller, l'pauvr'type !

CHARLEY

Touchez pas ! ou je boxai. . je avais besoin de rien.

(*Il sort suivi par la foule. Guy et Gaston paraissent de l'autre côté ; leur pantalon est relevé jusqu'au genou ; ils sont pieds nus et tiennent leurs chaussures à la main.*)

GUY

Si vous êtes un homme d'honneur, vous conviendrez que c'est moi qui me suis mis à l'eau le premier.

GASTON

C'est moi qui ai tendu la main à la victime.

GUY

Tout ce que je puis vous accorder, c'est que je mérite la médaille de sauvetage aussi bien que vous !

GASTON

J'espère que Marie Simard sera fière de nous !

GUY

Justement la voici : je vais lui raconter mon sauvetage !

GASTON

Le mien !

MARIE, *entrant vivement.*

Eh bien ! Messieurs ! dans quelle tenue ! je rirais, si j'en avais le temps !

MISS, *entrant comme un ouragan.*

Où est-il ? qu'en avez-vous fait ?

GUY *et* GASTON

Qui, qui ?

MISS

L'homme que vous avez retiré de l'eau... un blond n'est-ce pas ?

GUY

Je ne sais pas la tête qu'il avait.

GASTON

Il n'était pas à toucher avec des pincettes.

MISS

C'était mon homme, j'en suis sûre. Quand il m'a vue, il a piqué son tête dans l'eau.

MARIE, *à Guy et Gaston*

Eh bien ? qu'est-il devenu ?

GUY

Ça, je n'en sais rien !

GASTON

Nous avions confié nos bottines à un gamin ; nous ne pouvions pas le retrouver.

GUY

Le principal, ma chère Simard, c'est que nous ayons fait une action d'éclat.

GASTON

Vous avez devant vous deux grands sauveteurs.

MARIE

J'ai devant moi deux imbéciles qui viennent de faire une gaffe.

GUY *et* GASTON

Hein ?

MARIE

Cet homme était un filou ; il ne fallait pas le laisser partir ! Vous ne savez commettre que des idioties !.. quand vous me regarderez comme deux abrutis !.. Tenez, je m'en vais, je vous rirais au nez ! ah ! ah ! ah ! venez, Miss, je connais le commissaire de police, nous allons lui parler de vos soupçons. (*Elle sort avec Miss. Guy et Gaston, les bras écartés, tenant toujours leurs bottines, se regardent ahuris, puis se mettent à pleurer comme des gosses.*)

GUY

Ah ! ben ! c'est trop fort ! j'en ai assez !

GASTON

Risquez donc votre vie pour une femme !

GUY

Voilà la récompense ! (*Ils pleurent*).

SCÈNE V

LES MÊMES, l'AGENT

L'AGENT

Qu'est-ce que c'est que ça ? des échappés de Charenton, des joueurs devenus mabouls ! (*Leur tapant sur l'épaule*) eh bien ! eh bien ! voyons ! avez-vous fini de faire du scandale ?

GUY *et* GASTON *se jettent en pleurant sur l'agent*

Ah ! mon agent ! mon agent ! (*Ils embrassent l'agent*)

L'Agent, *larmoyant aussi, à part.*

Ils me donnent aussi envie de pleurer, ces jeunes gens-là, calmez-vous ! calmez-vous ! (*Paternellement*) Remettez vos godillots ! vous allez vous enrhumer !

Guy et Gaston

Oui, mon agent ! (*Ils s'appuient chacun après l'agent pour remettre leurs bottines.*)

Guy

Ça entre difficilement !..

Gaston

J'ai les pieds mouillés !

L'Agent

Où donc que vous avez mis vos pieds ?

Guy

Dans la petite rivière.

Gaston

Là-bas ! nous avons pris un bain de pieds en voulant...

L'Agent

Ah ! c'est vous qui venez de révolutionner le champ de courses, en barbottant dans le ruisseau. Le brigadier m'envoie justement vous chercher.

Guy et Gaston

Vous ?

L'Agent, *les empoignant.*

Oui, vous ; faut me suivre au poste de police et rondement.

Guy

Mon agent, vous ne comprenez rien du tout !

L'Agent

Dites tout de suite que je suis une gourde ! allez ! allez ! pas de rouspétance ou je vous flanque les poucettes !

Guy

C'est une erreur !

Gaston

Nous sommes innocents !

L'Agent

On dit toujours ça !.. Allez, ouste !

Guy

C'est de votre faute !

Gaston

C'est de la vôtre ! (*Ils se disputent*).

L'Agent

V'là qu'y vont s'bouffer le nez, à présent ? qu'est-ce que c'est que ces toqués-là ? (*Il les entraîne.*)

Gaston, *se rebiffant.*

Vous savez, monsieur l'agent... Vous ne savez pas à qui vous avez affaire... Nous sommes des journalistes .. Vous entendrez parler de nous...

L'Agent

Ah ! vous êtes des journalistes... Alors, tenez ! (*Il les bourre de coups de pied et de poings — ils sortent en hurlant.*)

SCÈNE VI

Zozo, la môme Trompette, *en bicyclistes,* **puis Guy et Gaston.**

(*Zozo et la môme entrent du côté opposé.*)

Zozo

Dis-donc, la môme Trompette, t'amuses-tu, toi, ici ?

La Môme

Pour sûr, non. On se barbe à 35 francs par tête.

Zozo

C'est bien fait. T'as voulu venir ici aux courses de canassons, au lieu d'aller comme d'habitude, au vélodrome.

La Môme

Y faisait relâche au jour d'aujourd'hui. Le fait est que c'est autrement bath qu'ici. T'as vu leurs canassons ?

Zozo

Mince ! ils ont des jambes ! on dirait des queues de billard !

La Môme

Et les jockeys... en v'là des astèques...

Zozo

Ho ! là ! là ! Jamais je pourrais aimer un jockey ; j'aurais peur e le casser.

La Môme

Tandis que les coureurs du vélodrome... c'est des gas...

Zozo

Faut les voir... hein... dans les courses de longueur... courbés en deux sur leur machine.

La Môme

Les cheveux collés.... transpirant à flots...

Zozo

C'est pas leurs jockeys qui transpireraient comme ça...

La Môme

Et qui oseraient montrer leurs jambes nues, comme les coureurs. . Y en a du muscle...

Zozo

Et puis, je crois bien que c'est d'eux qu'on peut dire aussi qu'ils ont du poil aux pattes...

La Môme

Et puis... ils sont pas insensibles !

Zozo

Ici, personne fait attention aux femmes !

La Môme

Ils s'occupent que de leur pari mutuel...

Zozo

Tu régales-t'y d'un verre de coco ?

La Môme

Tout de même. (*Elles vont à la baraque du marchand de coco*).

Guy *et* Gaston, *paraissent côté opposé, leur tenue est correcte, à la cantonade.*

Sans rancune, monsieur l'agent... à une autre fois.

Guy, *tendant les bras à Gaston.*

Ce cher ami !

Gaston

Ce vieux copain ! (*Ils se serrent la main*).

Guy

Se disputer pour cette femme qui se moquait de nous... Étais-je bête ?

Gaston

Non, c'étais moi.

Guy

Non, moi.

Gaston

Eh bien... tous les deux là... tu sais que j' n' haïs-t'y plus le moins du monde.

Guy

Et moi, je ne t'ai plus dans le tube.

Gaston

Maintenant on est des amis, des vrais...

Guy

Nous n'échangerons plus nos cartes.

Gaston

Si, pour la dernière fois je vais te rendre les tiennes !

(*Ils échangent leurs cartes*).

Guy, *comptant.*

11-12-15-17... le compte y est !..

Gaston, *descendant.*

Si on risquait le tuyau du marchand de coco !

Zozo

J'aurais bien joué, mais pas avec ma galette !

La Môme

Si on pouvait faire une rencontre.

Zozo

Ah ! pige ! voilà notre affaire : avance, c'est des jeunes gens chic : faut la faire à la grandeur ! (*Haut*) Bonjour, monsieur le duc ! Comment allez-vous ?

Guy

Le duc ! où ça ?

Zozo

Si ce n'est vous, c'est monsieur. Je me souviens très bien vous avoir rencontré dans le monde !

Gaston

Dans le monde ! Dans quel monde ?

Zozo

Dans le grand monde, nous n'allons que dans celui là !

Guy

Ce sont des femmes du monde ! du faubourg Saint-Germain, peut-être ?

Gaston

Où de l'avenue du Bois-de-Boulogne.

Guy
C'est ça qui va vous changer des cabotines !

Gaston
Je me disais également que vos physionomies ne m'étaient pas inconnues ; où diable vous ai-je rencontrées, sans doute au bal de ma cousine, la baronne de Casteljus.

La Môme
Parfaitement, cher Monsieur ; c'est bien chez la baronne ah ! quel jus !

Gaston
Casteljus !

Zozo
C'est toujours du jus !

Guy
Mesdames, voulez-vous nous accompagner jusqu'au châlets du Cycle ; nous prendrions nos bécannes et on irait faire une ballade.

La Môme
Aller en bicyclette ! Pour qui nous prenez-vous ? Jamais nous ne sommes montées sur ces machines-là !

Zozo
C'est devenu si commun !

Guy
Alors, pourquoi êtes-vous en cyclistes ?

La Môme
Parce que c'est plus bath !

Zozo, *rectifiant.*
Nous faisons partie de la ligue pour l'Émancipation de la femme.

Gaston
Oh ! alors ! tout s'explique !

Guy
Figurez-vous, Mesdames, que je vous avais pris d'abord pour des horizontales... de petite marque !

Gaston
Ça ne m'étonne pas de vous ! moi, au contraire j'ai vu tout de suite à qui j'avais affaire.

Guy
Naturellement, vous êtes si malin !

Gaston
Monsieur, je.. (*Ils se menacent*).

Guy
Alors, ça va recommencer.

La Môme
Vous feriez mieux de nous accompagner au buffet.

Gaston
Comment, Mesdames, vous permettriez...

Zozo, *minaudant manières exagérées*
C'est un des agréments de ce costume... nous sommes plus libres !

La Môme, *même jeu.*
Evidemment, ma tendre amie, ce n'est guère convenable, mais pour une fois.

Guy, *à la môme.*
Daignez accepter mon bras...

Gaston, *à Zozo.*
Le mien !

Ensemble, *en sortant.*
Des femmes du monde ! ça va nous poser !

Les Femmes
Quelles poires ! (*Ils sortent tous les quatre, avec des mines et gestes comiquement distingués*).

SCÈNE VII

Jean entre d'un côté, **Antoine** *de l'autre.*

Jean
Ah ! enfin ! te voilà !

Antoine
Pardonne-moi, mon vieux, je suis en retard... j'ai tant à faire... maintenant, parle vite, car ta dépêche m'a bien inquiété.

Jean
Eh bien, voilà... je n'irai pas par quatre chemins... on est très gêné... faute de mille francs... le père va être déclaré en faillite... tu me diras qu'on peut s'en relever... le vieux supporterait peut-être encore le coup — mais la mère encore si malade, si elle apprend nos ennuis, n'y résistera pas... nous avons déjà eu bien du mal à lui cacher la saisie .. dans vingt-quatre heures, nous pouvons être vendus !

Antoine
Ah ! mon pauvre vieux ! ça allait pourtant bien, les affaires ! tu m'avais dit que ta sœur avait eu dix mille francs de dot !

Jean

Ma sœur ! c'est elle qui a commencé à nous flanquer par terre... c'est pour elle... pour qu'elle ait de l'instruction que mes parents se sont saignés aux quatre veines... Mademoiselle Louise savait le piano, le dessin et un tas de balançoires... la belle avance maintenant...

Antoine

Mais n'a-t-elle pas fait un beau mariage ?

Jean

Le père le disait, pour expliquer son absence... la vérité c'est qu'il en fut question avec un serrurier... Oh ! un homme établi... seulement qu'avait les mains noires et qui faisait des fautes en parlant et en écrivant... ça n'a pas été du goût de ma sœur et elle a tout planté là... oui, elle a fichu le camp comme une gueuse !.. maintenant Louise fait la vie... et est devenue m'a-t-on dit, une demi-mondaine huppée... mais depuis son départ, depuis deux ans, ma mère agonisante ne quitte presque plus le lit et le père dégoûté, écœuré, n'a pas su lutter avec assez d'acharnement contre les grands magasins qui nous écrasent... alors, avec son assentiment, j'ai pris cent francs, tout ce qui nous reste et je viens te dire : sauve-nous... fais-moi jouer ! fais-moi gagner !

Antoine

Mon pauvr' vieux ! ce n'est pas le jour du grand steeple que l'on peut faire un gros coup... je n'ai qu'un tuyau... le cheval du patron qui est grand favori... ça ne rapportera rien !

Jean

Alors nous sommes perdus ! bien perdus (*Il tombe accablé, la tête dans ses mains, sur le tabouret*)

Le Comte, *passant au fond avec Léa et Pétrus.*

Ma chère amie, je ne puis rester plus longtemps ici, la course va commencer... rentrons au pesage.

Léa

Allez-y, mon cher... moi, je préfère rester voir ici, c'est infiniment plus gai... ne vous inquiétez pas, monsieur Pétrus me servira de cavalier.

Le Comte

Comme il vous plaira. (*Il sort*.

Antoine, *apercevant Léa qui s'éloigne avec Pétrus.*

La petite patronne... elle a bon cœur ! quelle idée ! (*à Jean lui frappant sur l'épaule*) je crois que j'ai une chouette inspiration... je vais peut-être te trouver la somme...mais grouille-toi ..file, va m'attendre là, près de la quatrième baraque... (*Jean lui obéit docilement comme un homme découragé et sort*); devant lui, j'aurais pas osé demander... justement la v'là qui revient par ici.

Léa, *l'apercevant*

Tiens, c'est vous... Antoine ?
Oui, mâme Léa... et bien content de vous rencontrer, car j'ai justement quelque chose à vous demander.

Léa

Parlez...

Antoine, *embarrassé*

Il s'agit d'une bonne action... alors, comme je sais que vous avez le cœur sur la main... que vous aimez le pauvre monde.

Léa

Voyons... remettez-vous, Antoine... qu'y a-t-il ?

Antoine

Faut d'abord que je vous dise que c'est pas pour moi que j'ai besoin d'argent... non, il s'agit d'un ami, d'un père auquel je dois la vie.., le père, un petit fabricant, est à la veille d'être mis en faillite, d'être vendu ; la mère est gravement malade... cette détresse va l'achever... mon copain est venu me dire sa misère..., moi, je peux rien... il faudrait mille francs... c'est une somme...

Pétrus

Mais, mon garçon...

Antoine

J' sais ce que vous allez me dire, m'sieur Pétrus... Que j'aurais pu m'adresser à vous... mais sans vous offenser, vous n'avez jamais le sou.

Pétrus, *riant.*

Ma foi, c'est vrai... et bien que gagnant un argent fou, j'ai plus de créanciers que d'obligations au porteur.

Antoine

Vous voyez bien... Alors, j'ai pensé que 5o louis pour Madame Léa de Vélizy, c'était rien. (*Léa a écouté avec émotion sans répondre, songeuse*) Je vous assure, Madame, qu'ils vous les rendraient, une fois tirés d'embarras... C'est des braves gens... des ébénos... pardon des ébénistes du faubourg Antoine... (*Mouvement de Léa*) Mille francs c'est pas beaucoup, et ça les sauverait ; ils ont déjà perdu une fille... la sœur de mon ami...

LÉA, *émue.*

Ah ! elle est morte !

ANTOINE

Oui... c'est-à-dire oui... elle est morte !

LÉA

Pauvres gens ! (*D'un geste brusque, elle tire des billets de banque de son porte-carte*) Tenez... voici pour eux...

ANTOINE, *interloqué.*

Oh ! vive la petite patronne ! (*Appelant*) Jean ! Jean !

LÉA, *surprise.*

Jean !

ANTOINE

Amène-toi... (*Jean accourt*) T'es sauvé... tes parents aussi... mam' Léa de Vélizy... la bonne amie à mon patron te prête les mille francs. (*Le faisant passer*) Dis-y merci !...

JEAN, *avec effusion.*

Ah ! Madame... croyez qu'une reconnaissance éternelle ..

LÉA, *le dévisageant.*

Dieu !... mon frère !...

JEAN, *effaré.*

Louise !... Louise ! C'est toi !... *Silence et mouvement de stupeur*) Reprenez cet argent, Madame, Jean Robert ne peut rien accepter de Léa de Vélizy.

LÉA, *suppliante.*

Jean... c'est pour le vieux.

JEAN

Mieux vaut pour eux le déshonneur de la faillite, mieux vaut la mort que le salut qu'ils devraient à l'argent d'une catin !...

LÉA

Jean, tu es cruel...

JEAN

Reprenez cet argent qui me brûle les doigts... reprenez ces billets maudits dont le contact me salit et me fait horreur... ou je vous les jette à la face... (*Pétrus lui arrête le bras et reprend les billets*).

LÉA, *défaillante à Pétrus.*

Ah ! emmenez-moi... par pitié... emmenez-moi ! (*Ils sortent. Jean va s'accouder muet et pâle à une baraque*).

ANTOINE

Eh ! ben... j'ai bien travaillé moi... nous revoilà dans la marmelade pire que jamais... qui nous en tirera ? (*apercevant Charles*) Lui !..

SCÈNE VIII

LES MÊMES, **Charley**, *le collet remonté, tenant un mouchoir sur sa joue, le chapeau rabattu, des lunettes bleues.*

ANTOINE

Comment c'est vous... mon ami Charley emmitouflé comme ça par cette chaleur... le collet relevé !

CHARLEY

Je avais mal au gorge...

ANTOINE

Un mouchoir sur la bouche.

CHARLEY

Je avais mal aux dents...

ANTOINE

Le chapeau enfoncé !

CHARLEY

Je avais mal au tête !

ANTOINE

Des lunettes bleues...

CHARLEY

Je avais mal aux œils...

ANTOINE

Quel hôpital ambulant !..

CHARLEY, *à part.*

C'était pour pas être reconnu par le Américaine enragée qui pourchassait moi comme un grosse bête. Ce journée finira donc pas.

ANTOINE

Eh bien ! mon ami Charley, vous tombez à pic : voici mon copain là qui veut jouer cinq tours sur Cymbale.

CHARLEY

Très facile.., donc le argent.

ANTOINE

Minute... faut lui donner le cheval à dix contre un.

CHARLEY

Vous voulez faire le rigolement... on paye 3 pour l'avoir...

ANTOINE

Vous le donnerez à 10, mon ami Charley... pour faire plaisir à votre petit camarade Antoine, avec lequel vous avez bu hier au soir du si bon whisky ! *(Il lui fait derrière un geste de menace comique.)*

CHARLEY

Oh ! yes... très bon, le whisky *(A part)* au fait je risquai rien... le cheval arrivera pas, c'est encore cent francs gagnés.. *(Haut.)* Eh bien, pour vous être agréable... je accepte le pari...

ANTOINE, *prenant l'argent à Jean.*

Aboule le pognon...
(Charley lui donne un ticket, après avoir reçu et vérifié les pièces.)
Mon ami Charley, vous n'êtes qu'une truffe !

CHARLEY

Qu'est-ce que ce était truffé !

ANTOINE

Je vous l'expliquerai après la course, il était temps, la v'là qui commence !
(Rumeur et rentrée de la foule. — Cris : Ils sont partis, on suit la course de loin — Gaston, monté sur les épaules de Guy, domine les autres.)

ANTOINE, *qui regarde.*

Ah ! les v'là au tournant... Bradamante fait le jeu...

CHARLEY, *qui ne peut rien voir.*

Et Cymbale... en arrière ?

ANTOINE

Non, dans le peloton, avec Plum-Pudding ! *(Rumeur)* V'lan ! une bûche !

CHARLEY

C'est Cymbale !..

ANTOINE

Non, c'est Fil-d'Acier .. un toquart... Oh !.. oh ! en v'là un qui se détache rudement.

CHARLEY, *se frottant les mains.*

C'est Plum-Pudding.

ANTOINE

Non ! c'est Cymbale ! oh ! quelle avance, mes enfants !..

CHARLEY

C'était pas possible... Vous regardez mal, *(cris du public)* Cymbale! Cymbale !

ANTOINE

Mais non, très bien, mon vieux !
(La foule grossit devant la barrière, les parieurs grimpent les uns sur les autres. Ceux qui sont en arrière sautent pour voir; les jockeys, dont on ne voit que les têtes, passent comme une trombe en cravachant leurs chevaux. - Cris. Cymbale ! Cymbale ! comme il veut ! dans un fauteuil !..

CHARLEY, *criant*

Plum-Pudding ! Plum-Pudding !

ANTOINE

Cymbale 1ᵉʳ avec dix longueurs d'avance... tenez, mon vieux... v'là qu'on l'affiche Nº 7, 1ᵉʳ..

CHARLEY

Et Plum-Pudding.

GASTON, *descendant.*

Dans les choux !..

GUY

Pas même placé !.. c'est une belle rosse !..

CHARLEY, *atterré.*

Mais alors, le drogue, il valait rien... Ce était le ruine... le piourée !..
(Des parieurs vont se faire régler aux baraques la payeuse se promène offrant ses services.)

ANTOINE, *à Charley.*

Cent francs à dix contre un, ça fait mille francs... aboulez

CHARLEY

Jamais... C'était un filouterie...

ANTOINE

Vous ne voulez pas payer. *(Il montre la dépêche)* Alors je vais porter chez le commissaire de police ce petit bleu trouvé par moi chez l'entraîneur et commençant ainsi : « My dear Charley ».

CHARLEY, *à part.*

Mon dépêche, mais je l'avais pas oubliée !.. je l'ai dans mon portefeuille... *(Il la tire et la parcourt)* Je attends... champ de course, Jean Robert qu'est-ce que c'était... du escamotage.

ANTOINE, *jouant avec la dépêche.*

Payez-vous ?

CHARLEY

Nô, nô, nô !...

ANTOINE, *apercevant l'agent*

Monsieur l'agent, voulez-vous approcher.. C'est...

CHARLEY, *vivement*

Je paye... taisez ton bec *(Il lui donna un billet)* Tout était perdu. Je avais plus qu'une ressource.. filer avec la galette.

L'Agent

Alors, c'est...

Antoine

C'est pour vous montrer que la maison Paterson dont Monsieur est le représentant paie rubis sur l'ongle... même les favoris à dix... Quand on sait s'y prendre. (A Jean) Tiens mon vieux, prends ce billet-là : il ne doit rien à personne, celui-là.

Jean

Ah ! Antoine, mon ami, tu nous sauves tous.

Charley, *voulant s'en aller.*

Good night !

L'Agent, *le retenant*

Attendez donc... si vous êtes de la maison Paterson, j'ai justement là tous les tickets du poste pris chez vous... vous allez me les régler.

Charley, *payant et rageant,*

Oh ! je avais pas du chance !

L'Agent, *recevant l'argent.*

C'est bien ça... au revoir, mon ami... (*Il lui serre la main*) On se reverra peut-être ?

Charley, *cherchant à s'esquiver.*

Good night !...

SCÈNE IX

Les Mêmes, Miss et Marie.

Miss

Monsieur l'agent, arrêtez cet homme .. c'était un filou qui avait volé à moi le honneur et mes pépettes. (*Elle lui ôte ses lunettes.*)

Charley

C'était faux... je connais cette médème... je suis...

Miss

Tu es une crapioule, et un chemeau... menez-le avec moi chez le commissaire de police.

L'Agent, *lui mettant la main au collet.*

Je savais bien qu'on se reverrait bientôt.

Charley

C'est une erreur... je suis Charley Widpockett.

Miss

Non, pas Charley... Tu appelles toi Arthur Sidney, je te reconnais bien, que tu sois chiendent alors qu'autrefois tu étais carotte.

Pétrus

Et maintenant, c'est lui le poireau !

Antoine

Poireau ou truffe, c'est kif-kif, mon vieux ! v'là l'explication promise !

Charley

C'est une infamie ! je me plaindrai à mon ambassade... je suis un honnête homme !

SCÈNE X

Les Mêmes, le père Martin.

Martin

L'écoutez pas ! C'est un criminel ! un assassin. Antoine m'a tout dit... il a à moitié tué mon âne.. un âne, monsieur l'agent, qu'était aussi vif que vous et moi... a fallu ce matin que je l'emporte sur mon dos... arrêtez-le, je porte plainte aussi...

Charley, *éperdu.*

Mais qu'est-ce que vous voulez ?

Martin

Tais-toi ! ou je t'assomme ! empoisonneur de bourrique !

Charley, *défaillant.*

Ah ! je étais fioutu !.. (*Grande rumeur*).

SCÈNE XI

Les Mêmes, la Foule, le Jockey et le Cheval,

Gaston, *au fond.*

Attention ! Rangez-vous !.. Voici la foule qui ramène en triomphe au pesage Cymbale et son jockey William !

(*Entrée de la foule entourant et acclamant aux cris de « Vive Cymbale ! Vive William ! » Le jockey monté sur le cheval que tient à la bride un palefrenier. Les acclamations redoublent, les chapeaux volent en l'air. Le rideau baisse*).

RIDEAU

Voir au dos les modifications pour la mise en scène.

Modifications pour la suppression du cheval et de l'âne — et pour la réduction ou la suppression de la figuration.

1er TABLEAU — SCÈNE 2

1° Le père Martin entre sans son âne.

2° à la réplique de Martin « et je venons te demander si t'aurions pas un petit coin pour le loger à cette nuit ? »

ANTOINE

Mais rien de plus facile, mon père Martin... et où est-il votre bourriquet ?

MARTIN

Je l'ons laissé dans la grande cour.

ANTOINE

On s'en occupera tout à l'heure.

MARTIN

Merci, mon gas .. pour te remercier encore, ce soir, à l'auberge, je paierai une tournée soignée... j'ai des picaillons et *(reprendre ici, en supprimant, bien entendu, tout ce qui est compris entre ces répliques).*

3° à la réplique d'Antoine « Que monsieur le comte et ses invités ne vous trouvent pas ici en train de cartonner — *(William et les joueurs sortent — le père Martin va les suivre,* Antoine le retient et lui dit : « Et vous père Martin, écoutez que je vous parle... *à mi-voix.)* Voici la clef de l'écurie de Cymbale, pour des raisons que je n'ai pas à apprécier, monsieur le Comte m'a dit de loger la bête dans une écurie plus éloignée... mais il faut que tout le monde la croie encore ici, je compte sur votre discrétion absolue...

MARTIN

Sois tranquille, mon fieu.

ANTOINE

Mais puisque le local est vide, vous pouvez y mettre votre âne, en le faisant entrer par la petite porte de derrière qui donne sur la grande cour...

MARTIN

Compris... par la petite porte de derrière qui donne sur la grande cour...

ANTOINE

Ensuite, allez m'attendre à l'auberge ! je vous y rejoindrai dès que mon service me le permettra ! *(le père Martin sort).*

1er TABLEAU — SCÈNE 6

A la réplique d'Antoine. — « Ah çà ! pourquoi diable l'English refuse-t-il de se montrer... il y a du louche ! »

LE COMTE

Le jour commence à baisser, il est maintenant trop tard pour retourner dîner à Paris... ma foi mes amis à la guerre comme à la guerre, je vais vous offrir à dîner à l'auberge du pays... *(couper tout ce qui se trouve entre ces deux répliques.)*

1er TABLEAU — SCÈNE 8

A la réplique de Charley. — « Dites-moi, la cheval... Cymbale — elle est toujours là dans son écurie ! »

ANTOINE, *à part.*

Tiens, ça a l'air de le préoccuper... méfions-nous et disons comme monsieur le comte me l'a ordonné. *Haut* Oui, oui... il est toujours là dans son écurie. *(Au lieu de* Ah oui ; il n'était pas là, etc.

2me TABLEAU

Pour les scènes où l'on désirerait réduire ou supprimer la figuration et le décor — le 2me tableau pourrait être intitulé « Un coin du Champ de Courses » *et commencer seulement à la scène 2 - à l'entrée de Petrus Dupont et de Jean Robert. — le monologue de Petrus : « Parce que vous le connaissez mal. Voici le joueur satisfait » et peut être réduit-il peut désigner les personnages comme s'il les voyait à la cantonade — ou bien encore ce monologue peut être supprimé complètement.*

La scène 6me entre Zozo, la môme Trompette, Guy et Gaston peut être coupée entièrement et l'on peut passer de la sortie de Guy, Gaston et l'agent à l'entrée de Jean et Antoine, scène 7.

A la scène 11me. — *La réplique de Gaston peut être aussi modifiée.* Attention ! Rangez-vous ! Voici la foule qui ramène en triomphe au pesage le vainqueur de la course William, le jockey de Cymbale... — *Entrée de la foule qui porte en triomphe sur les épaules William en costume de jockey.*

AUTEURS	TITRES DES ŒUVRES	Hommes	Femmes	Prix nets	AUTEURS	TITRES DES ŒUVRES	Hommes	Femmes	Prix nets
M.-Brisac	Guerre aux hommes (La) d.	6	7	loc.	F. Barbier	Poupée automate (La)	1	1	4 »
Lebreton-Nicolaï	Gueule d'Or	6	6	loc.	F. Barbier	Premières armes de Parny (Les)	1	3	5 »
Lebreton-Moreau	Héritière de Carapattas (L') d	8	8	loc.	Moreau	Professeur de chant	1	1	3 »
Villebichot	Hirondelles de la rue (Les)	»	2	3 »	De Ste-Croix	Pygmalion d.	1	2	6 »
Lebreton-Blairat	Homme pâle (L')	4	2	loc.	Garnier-Héros	Queue du Diable (La) d.	troupe	»	loc.
Lebreton-Duroc	Hôtel d'Artistes	troupe	»	loc.	Delilia-Héros	Qui va à la Chasse	2	»	loc.
Lebreton-Duroc	Hôtel de Noblepanne	4	4	loc.	L. Collin	Qui se dispute s'adore	1	1	4 »
Darantière et Bouvet	Hôtel du lac bleu (L')	7	6	loc.	Ch. Lecocq	Rajah de Mysore (Le) d.	troupe	»	loc.
Autigeon-Dourel	Hypnotiseur malgré lui (L')	3	2	loc.	Villebichot	Réponse du Berger (La)	1	»	8 »
Moniot	Jacotte	2	2	5 »	Jacoutot	Retour de Kerdrec (Le)	troupe	»	4 »
Liger-Aubrun	J'ai perdu Virginie	3	1	loc.	Meugé	Retour de Margotte (Le)	1	1	4 »
Nargeot	Jeanne, Jeannette et Jeannetond	2	3	8 »	Roques	Retour de Mars (Le)	1	2	4 »
Michiels	Jefque et Trinne	1	1	4 »	L. Collin	Retour de Musette (Le)	1	1	4 »
A. Perronnet	Je reviens de Compiègne	»	1	4 »	Ch. Thony	Robes et Manteaux d.	5	4	loc.
Bernicat	Jeunesse de Béranger (La)	3	1	6 »	F. Chaudoir	Roi Claquette (Le) d.	3	3	5 »
Lebreton-Moreau	Jocrisses du mariage (Les) d.	troupe	»	loc.	Desormes	Roland furieux	3	1	6 »
L. Collin	Journée aux soufflets (La)	1	1	4 »	L. Desormes	Romance impossible (La)	2	2	4 »
Herpin	Ki-Ki-Ri-Ki d.	troupe	»	loc.	Ch. Gabet	Rosière de Valentino (La) d.	3	1	loc.
Robillard	La vengeance de Ramoli	2	1	4 »	Michiels	Rosière d'Interlaken (La)	1	1	4 »
Desormes	Leçon de musique (La)	1	1	4 »	Ch. Gabet	Ruy Black (v) d.	troupe	«	loc.
J. Clérice	Léda d	troupe	»	loc.	Claments	Saint-Yvon (La) d	2	1	5 »
Cazaneuve	Loi du pal (La) d.	troupe	»	5 »	Ch. Lecocq	Sauvons la caisse d.	1	1	6 »
Moreau-Gramet	Ma Colonelle	2	2	loc.	Maral-Febvre-Bonamy	Septième Escouade (La)	9	7	loc.
De Ste-Croix	Madame de Rabucor d	2	1	4 »	R. Planquette	Serment de Mme Grégoire (Le)	1	8	»
Clairville fils	Madame la baronne d.	1	1	4 »	Lebreton-Moreau	Signe de Léda (Le) d.	troupe	»	loc.
Wachs	Madame le docteur	2	1	4 »	Ouvier	Simone et Boquillon	2	1	loc.
V. Roger	Mademoiselle Louloute	2	2	5 »	Lebreton-Duroc	Soir de Noce d.	4	4	5 »
Bessière-Marinier	Maire et Martyr d.	3	2	loc.	Maillat	Soirée bourgeoise	2	2	loc.
Talexy	Maître Grelot	3	2	7 »	Leserre	Soirée d'amateurs	pochade	»	1 »
Lemoyne-Jacoutot	Mamzelle Claudinette d.	2	2	loc.	Gresset	Souffleur par amour d.	3	1	loc.
T ar Nemw Celvat	Mamzelle Culot	troupe	»	»	Claments	Souhaits ridicules (Les) d.	1	1	loc.
De Lajarte	Mam'zelle Pénélope d.	3	1	7 »	Meyan	Soupirs du cœur	2	3	5 »
Jouhaud	Mariages riches	1	1	3 »	Ch. Malo	Souviens-toi de Clémentine	2	1	4 »
Moniot	Marianne et Jeannot d.	1	2	8 »	Moreau-Darsay	Spiritisme des Familles	4	4	loc.
Tollet	Marié sans l'être	4	»	3 »	Tac-Coen	Suzette, Suzanne et Suzon	1	3	loc.
Moreau-Duroc	Maris jaloux (Les)	5	2	loc.	Wachs	Tata chez Toto	2	1	4 »
Simiot	Mariés de Nanterre (Les) d.	1	2	4 »	Chassaigne	Toc	2	1	4 »
Meynard	Marquis Turlupin (Le)	1	1	loc.	Hervé	Toinette et son carabinier	2	1	4 »
Gresset-Bernard	Méfiez-vous d'Oscar d	2	2	4 »	Bessler-de Gorsse	Tonton d.	3	5	6 »
E. André	Melon (Le) (monologue saynète)	1	»	2 »	Wachs	Totor et Titine	2	»	4 »
Desormes	Menu de Georgette	3	2	8 »	Hubans	Tour du Moulinet (Le) d.	2	2	4 »
Ch. Gabet	Mérite des femmes (Le) d.	4	4	loc.	Cartier	Train des Maris (Le)	2	1	8 »
Moreau-Boucherat	Médjidié (Le)	2	1	loc.	Moreau-Duroc	Tranquil'hôtel	5	4	4 »
Lebreton-Moreau	Miss Kissmy d	5	5	loc.	Moreau-Darsay	Trente mille francs par an	2	2	loc.
Bessier-Moreau	Môme aux Camélias (La) d.	troupe	»	loc.	Ch. Gabet	Trésor des Dames d.	troupe	»	loc.
Bessière-Ruffier	Môme aux grands yeux (La)	8	6	loc.	Lebreton-Moreau	Treize jours d'un Parisien (Les) d	troupe	»	loc.
Chassaigne	Monsieur Auguste d.	1	1	3 »	id.	Treizième spahis (le) d.	troupe	»	loc.
Lebreton-Moreau	Monsieur Sans Gêne d.	troupe	»	loc.	id	Trio de troupiers d.	troupe	»	loc.
Moreau-Touzé	Mouche du Coche (La)	4	2	loc.	Lebreton-Téramond	Trois Gosses (Les)	4	4	loc.
Joly	Myope et presbyte d.	1	1	4 »	Lebreton-Moreau	Trois Maçons (Les) d.	4	4	loc.
Desormes	Nègre de la Porte St-Denis (Le)	3	3	4 »	Lambert-Lebreton	Truc du Pharmacien (Le)	2	1	loc.
E. Lhuillier	Nez enchanté (Le)	2	1	3 »	L. David	Tu l'as voulu d.	3	1	5 »
Dorfeuil-Moreau	Le Nez de Cyrano d.	troupe	»	loc.	Héros Jost	Tziganie dans les Ménages (La) d	troupe	»	loc.
Herpin	Noce à Grospoulot (La)	5	7	loc.	Javelot	Un amour d'épicier	»	2	4 »
F. Barbier	Noce à Suzon (La)	1	1	4 »	P. Henrion	Un charcutier dans les fers	1	1	4 »
L. Collin	Noces d'or (Les)	2	1	loc.	Chassaigne	Un Coq en jupons	1	1	4 »
Moreau-Gramet	Nos petites Chattes	3	5	loc.	Banès	Un do malade	2	»	4 »
Lebreton-Moreau	Nos voisins d.	6	6	loc.	Wachs	Un domestique pour rire	1	1	4 »
V. Roger	Nourrice de Montfermeil (La)	2	3	6 »	G. Laurens	Un futur sur le gril	2	1	4 »
Ch. Gabet	Nouvel Achille (Le) (vaud.) d	3	1	6 »	Ch. Malo	Un gendre à poigne	2	»	4 »
Touzé Prud'homme	Nuit de Noces de Beauflanchet	6	4	loc.	Pericaud	Un hercule qui ne veut pas se rouiller	1	1	4 »
Jacobi	Nuit du 15 octobre (La) d.	3	1	6 »	Cambillard	Un mariage à la force du poignet	1	1	3 »
Dédé fils	Oncle et Neveu	3	»	3 »	Ch Malo	Un mariage au flageolet	1	1	4 »
Louis Bouvet	Oncle Maboulin (L')	4	4	loc.	Dauphin	Un mariage en Chine d.	4	»	6 »
Berthelot Roland	Othello chez Thaïs	3	5	loc.	Bernicat	Un mari à l'essai	1	1	4 »
Dufils	Paille et la Poutre (La)	»	2	6 »	Pericaud	Un mari en grande vitesse	2	»	4 »
Billemont	Pantalon de Casimir (Le)	1	1	6 »	L. Collin	Un mauvais conscrit	2	»	4 »
A. Petit	Par autorité de Justice d.	5	3	loc.	Chassaigne	Un 1er jour de ménage	1	1	4 »
Dorfeuil-Moreau-Dédé	Paris aux Courses	8	3	loc.	F. Barbier	Un souper chez Mlle Contat	»	2	5 »
F. Barbier	Par la fenêtre	1	1	4 »	Bernicat	Une aventure de clairon	2	»	6 »
J. Walter	Par la Gymnastique d.	2	»	loc.	Lebreton-Blairat	Une Consultation d.	4	3	loc.
Henry Moreau	Partie de Campagne d.	troupe	»	loc.	E. André	Une drôle de Marquise	2	»	loc.
Ed. Lhuillier	Pasqualine	1	1	3 »	Claments	Queue d'antichambre d	2	1	5 »
Bénédite-Jaucourt	Le pays Vierge d.	troupe	»	loc.	Jouhaud	Une femme du quart du monde	2	1	5 »
L. Collin	Petit Spahi (Le)	3	3	5 »	Villebichot	Une femme qui bégaie d.	3	2	6 »
Lebreton-Moreau	Petite baronne (La) d.	troupe	»	loc.	L. Roques	Une femme tombée du Ciel	2	2	4 »
Linas	P'tite bête vit encore (La) d	1	6	4 »	Villebichot	Une fille à trucs	3	1	4 »
Lebreton-Moreau	Petite colonelle (La) d.	8	3	loc.	Liouville	Une fille en loterie	2	1	4 »
id.	Petites Menichons (Les) d.	troupe	»	loc.	Touzé-Monjardin	Une intrigue chez les Mouchamiel	1	1	loc.
A. Petit	Petits lapins (Les) d.	troupe	»	»	Desormes	Une lune de miel normande	2	1	4 »
Maurey et Jimbu	Petits Trottins (Les)	5	6	loc.	L. Collin	Une mariée sans mari	1	1	4 »
J. Clérice	Phrynette d	troupe	»	loc.	Ed. Lhuillier	Une marine à vapeur	1	1	3 »
F. Barbier	Points jaunes (Les) d.	1	1	5 »	Desormes	Une mauvaise connaissance	3	»	5 »
Cinoh-Verdellet	Pompier d'Endoume (Le)	10	12	loc.	Moreau-Darsay	Une mauvaise nuit	2	2	loc.
Gresset-Bernard-Letorey	Pompier d'Ernestine (Le)	2	2	loc.	Ch. Gabet	Une nourrice sur lieu d.	2	4	loc.
Autigeon-Durel	Poste restante 222 d.	4	3	loc.	Moreau-Dorfeuil	Une nuit de Paris d.	troupe	4	loc.

Livrets d'opéras et opéras-comiques, net : **2** fr. — Livrets d'opérettes, net : **1** franc.

Pour la location de l'orchestre ou l'abonnement, s'adresser à l'Éditeur

AUTEURS	TITRES DES ŒUVRES	Hommes	Femmes	Prix net	AUTEURS	TITRES DES ŒUVRES	Hommes	Femmes	Prix net
Dubem	Une partie à Robinson	2	2	4 »	Lebreton-Moreau	Vierges du chahut (Les) d.	troupe	»	loc.
Wachs	Une pleine eau à Chatou	2	1	4 »	Desgranges	Vieux Sorcier d.	3	2	loc.
Bernicat	Une poule mouillée	1	»	4 »	Burani-Planquette	Vingt-huit jours de Champignolette d.	6	4	loc.
Chassaigne	Une table de café	2	»	4 »	Ratcée-Corbeau	Vive la Classe	7	8	loc.
Robillard	Une tempête conjugale	1	1	4 »	Chaudoir	Voilettes magiques (Les)	1	»	loc.
Liger-Aubrun	Urticaire (L')	4	1	»	Lebreton-Moreau	Vocation d'Isoline (La)	2	»	5 »
R. Planquette	Valet de cœur	1	»	4 »	Jacobi	Voilà l'plaisir, mesdames	2	»	4 »
J. Walter	Végétariens (Les) d.	troupe	»	loc.	'h. Hubans	Voiture à vendre d.	2	»	4 »
Robillard	Vengeance de Ramolli (La)	2	1	4 »	Divers	Volontaire de 92 (Le) d.	troupe	»	loc.
L. Roquas	Vénus infidèle (Retour de mars) d.	1	»	4 »	Tac-Coen	Volontaire et vivandière	1	1	4 »
Moreau-Boucherat	Vert galant	6	8	loc.	Herpin	Voyage de noce (Le)	4	1	loc.

Livrets d'opéras et opéras-comiques, net : **2** fr. — Livrets d'opérettes, net : **1** franc.
Pour la location de l'orchestre ou l'abonnement, s'adresser à l'Éditeur.

POUR LES GRANDS OUVRAGES DU RÉPERTOIRE
CONSULTER LE CATALOGUE SPÉCIAL
DES

OUVRAGES DE THÉATRE
QUI EST ENVOYÉ FRANCO SUR DEMANDE

MM. les Directeurs sont priés de s'adresser à l'Éditeur pour le conducteur et les parties d'orchestre ainsi que pour le service des pièces nouvelles.

Des envois de livrets à choisir sont faits sur demande en port dû aller et retour.

www.ingramcontent.com/pod-product-compliance
Lightning Source LLC
Chambersburg PA
CBHW071309080426
42451CB00026B/1604